느림의 美學

느림의 美學

초판 1쇄 발행 2025년 7월 15일

지은이 | 김봉겸 남춘길 맹숙영 박영애 성용애 이영규 전종문
만든이 | 이한나
펴낸이 | 이영규
펴낸곳 | 도서출판 그린아이

등록 연월일 | 2003. 12. 02.
등록 번호 | 제2-3893호
주소 | 서울특별시 은평구 녹번로 6-11, 201호
전화 | 02)355-3035 팩스 | 031)965-4679
이메일 | gmh2269@hanmail.net

ⓒ김봉겸 남춘길 맹숙영 박영애 성용애 이영규 전종문, 2025

책값은 뒤표지에 있습니다.
잘못 만들어진 책은 바꾸어 드립니다.
무단 전재 및 복제를 금합니다.

ISBN 979-11-91376-52-4(03810)

느림쉼터 시문집

느림의 美學

김봉겸 남춘길 맹숙영 박영애 성용애 이영규 전종문

그린아이

머리글

느림의 美學

김 봉 겸
(느림쉼터 작은주인)

눈초리 멀쩡하고 목소리 왕왕 살았을 때
속도를 늦추고 느림보가 되어 보자
한심스럽지 않은 삶을 살겠다고 정신없던
그 한심스런 모습에서 벗어나자
물처럼 구름처럼 아무라도 공존할 수 있는
너와 나, 그렇게 우리 함께 어울려
남녀의 고리마저도 해탈할 연배니
생애의 차이로 야기되는 일들도 웃어넘기자
이 느긋함을 자유로 누릴 수 있어 행복함이여,
스스로를 잃을 정도로 조급하던 시절에
소중히 건져 올린 것들이 외려 짐이 되어 무겁다
비로소 뵈는 세상을 품기 위해 그 짐을 부려버리자.

이딴 생각에 의기투합한 우리들은
맘 편히 쉬며 놀 만한 자리를 폈다
이름하여 '느림쉼터',

허허실실, 어떤 것에도 구애받지 않는다
모두가 책임주인이고 특별한 주제를 불요한다
다만 존중하며 아끼는 마음은 필수불가결이어서
언동에 해이함이 없이, 그 점 하나는
지극히 윤리적이고 철저히 보수적이다
그런 어울림으로 사계四季를 몇 번 보내는 동안이
정말 재미있었다. 가벼웠다. 행복했다.

『느림의 美學』은 문학이 매개가 된 우리들이
각자가 이미 썼든지 새로 쓰든지 한 소작所作들을 묶어서
한 책을 만들어 보자는 두 번째 의기투합의 산물이다
한 번의 꽃봉오리로 멈출지 이어서 열매를 보일지는
다음 책이 엮어질지 말지에 달렸다.

지금은 그저 충분히 기쁜 마음으로 내놓는다.

차 례

머리글_4

▶ 김봉겸

새해의 다짐_14
1월_15
그래, 오늘_16
들길에서_17
거울 앞에서_18
어머니의 시간_19
퇴행성죄인 退行性罪人_20
걸음발_21
가을_22
소망_23
준비_24
자족 自足_25
11월_26
소란의 진원 震源_28
내 소원_29
함박눈이 내릴 때면_30
바람의 자리_31
길_32

▶ 남춘길

기다림 _ 34
눈꽃 피는 아침에 _ 35
꽃눈 뜨는 소리 _ 36
성숙 _ 38
시간 은행 _ 39
어머니의 골무 _ 40
고요를 향하여 _ 41
어머니의 된장찌개 _ 42
은혜의 길 _ 43
그리움 너머에는 _ 44
이른봄 _ 46
수필•아보카도 익히기 _ 47
    황혼녘 발걸음을 떼다 _ 50

차례

▶ 맹숙영

어떤 자화상 _ 54
존재와 소멸의 고독 _ 56
시지프스 Sisyphus 오르기 _ 57
손톱 속 유영游泳 _ 58
시제時制의 와중渦中에서 _ 60
3차원 시간 너머 4차원으로 _ 61
제비맞이 _ 62
고추잠자리 붉은 무도회 - 마지막 축제 _ 63
마스크여 백합꽃으로 피어라 _ 64
슬픈 날의 별 하나 어디로 _ 65
구름역 환승 _ 66
시골 빈집 _ 68
종소리 _ 69
내 서재 안의 QR 코드 _ 70
페르소나 Persona _ 72
달리다굼 일어나라 _ 73
홀로코스트 Holocaust _ 74

▶ 박영애

흐르라, 머뭇거리지 말고_76
산다는 것은_77
봄을 기다리며_78
빈 의자_79
놓아주는 용기_80
내 안의 겨울_81
꽃비 내리는 날_82
이슬의 속삭임_83
봄의 기척_84
시간 속으로_85
자유의 무게_86
미안한 마음_88
아름다움의 극치_89
단풍길_90
가을에 물든 마음_92
동화•베란다의 작은 밥상_94

차례

▶ 성용애

겨울밤 _ 98
달빛이 가르쳐준 꽃의 노래 _ 100
가을음악의 늪 _ 101
밤에만 흐르는 강 _ 102
여름의 주소 _ 103
놓쳐버린 시간에 대한 변명 _ 104
노을바다 _ 106
안개바다 _ 107
망초는 추억을 찾아간다 _ 108
빛을 꽂다 _ 109
동작대교의 십자가 _ 110
도그우드 DogWood _ 112
성전을 장식하며 _ 114
가을 가는 길목 _ 116
가평 가는 길 _ 118

▶ 이영규

그런 줄만 알았네_120
바람의 길_121
물 흐르듯이_122
마음으로 보는 세상_123
해바라기_124
채송화_125
거기 길이 있었네_126
바로 그날, 그곳, 그들-부여문학기행_127
아빠 딸_128
동화•꽃들도 하나 되어_129
   서로서로 미안미안_136

▶ 전종문

그리운 날 _ 140

이른봄으로 가자 _ 141

정월 _ 142

살 만한 세상 _ 143

당신 _ 144

우리는 어떻게 인생을 말하는가 _ 145

그런 세상에서 _ 146

믿을 수 없는 마음 _ 147

야생화 _ 148

회초리 _ 149

아직은 웃을 때가 아니다 _ 150

개울 물길 _ 152

인격자로 가는 길 _ 153

발자국 _ 154

날자 _ 155

아내가 이뻐요 _ 156

새가 부럽다 _ 158

파도 _ 160

김봉겸

『코스모스문학』 등단
동인지 『울림문학』Ⅰ, Ⅱ
묵상시집 『잊혀지지 않은 약속 그 진실함』,
『내 영혼의 자리』
3인 詩筆集 『우리 가을의 언덕에서』(공저)
한국문인협회, 푸른초장문학회 회원
한국크리스천문학가협회 고문변호사
법률사무소 동락 고문변호사
광림교회 원로장로

새해의 다짐

올해는 사랑을 하리라
여태껏 못해본 사랑을 하리라
시샘은 떨쳐버리리라
땅만큼 낮아지리라

올해는 가볍게 살리라
다 내려놓으리라
배고파보리라
추워보리라
가볍게 돌아갈 연습을 하리라

올해가 끝나는 날엔, 그렇게
가난해진 나를
칭찬해줄 만한 한 해를 살아보리라.

1월

새벽잠 설치고
엉겁결에 첫발을 딛는다
끝까지 한다는 초심이
걸림없이 가야 할 텐데
달콤한 유혹
이번엔 속지 말자
다짐하고 떠나는
첫날 새아침,

어쩌면 이생에서 다시 없을
첫날일지 모른다는 생각 앞에

숙연해진다.

그래, 오늘

바깥세상엔 벚꽃 만발滿發,

그 소식 다 전하기도 전에
벗어 던지고 떠나길,

가벼이 나풀나풀
쉬이도 흩날린다

꽃이파리처럼
노생老生들 분분히 떠나는 소식마저
꽃 피고 지는 얘기와 헝클어진다

꽃 진 자리 또 필 테지만
꺾이지 않고 한 시절을 견뎌내야 한다
다시, 만개滿開의 화사함을
마주할 수나 있을는지

앞으로 더 황홀한 날이 있다 해도
그래,
오늘 이대로 눈부시다.

들길에서

가던 걸음 멈추고 내려다보니
발아래 한 세상이 있다
눈여겨본 일 없어
무심코 밟고 다닌 세상이
살아 꿈틀대고
죄다 합쳐 한 송이 값도 안 될
작은 꽃들로 가득하다
마냥 기쁘고 즐거운
생존의 그 자리를
사람은 밟고
하나님은 일으키시는
경이로운 생명의 향연饗宴이
창조 이래의 역사로 존재하고 있다
해가 뜨고 지는
하루들이 입때껏 지켜낸 장관壯觀,
하나님의 솜씨는
어디서나 동일함을 알겠다.

거울 앞에서

거울 앞에서 낯익은 누구를 본다
저 표정, 저 모습
그러고 보니 요즘의 내 언행言行에서도
그 누군가를 느낀다, 누구더라
그래, 내 아버지
거울 속에 마주한 얼굴은
영락없는 기억 속의 아버지다
그렇다면 요즘의 내 생각도
아버지가 하셨던 생각과 같은지 모른다
아, 아버지
언제나 보일 듯 말 듯
잔잔한 미소로 말하시던
사랑하는 나의 아버지.

어머니의 시간

하늘을 향한 창가에
하얀 새 자리

거기 한 세월이 멈춰 숨을 고른다
망백望百의 눈가에는 한가로운 고요뿐
위아래를 나누던 품계品階가 무너지고
앞뒤를 가르던 서열序列이 사라진
그 세계엔 다툼이 없다
옳고 그름의 언어도 잊혀 간
평화의 자리
거기 젖은 낙엽처럼 무겁게 누웠어도
평생을 짊어진 우주는 구름처럼 가볍다
언젠가 세상을 비우는 날에
애가哀歌는 곱게 접어두고
새 노래로 노래하며 오르리

한 시절이 꿈을 꾸는
한적閑寂한 오후.

퇴행성죄인 退行性罪人

수년 만에 도진 협착증상이 슬며시 자라나더니
통증의 꽃이 터질 듯 활짝 폈다
왼발을 쓸 수가 없고
누운 몸 돌이킬 수가 없다
겨우겨우 기어오른 진찰대와
엑스레이 촬영실의 시달림을 거치면서
초주검이 되어 치료실에 들어가 엎드린다
여기저기 마구 찔러대는 주사바늘에
내 몸을 장악한 통점痛點이 방어에 나서면서
신경을 깨문 이빨로 마구 씹어댄다
몸속에서 저항하는 아픔을 물리치기 위해
몸 밖에서 못잖은 아픔을 찔러 넣으니
안팎으로 죽어나는 건
퇴행성병변을 품고 웅크린 늙은 죄인이다.

걸음발

뒷산을 오르는데
초로初老로 보이는 한 사람이
종종걸음으로 내려온다

높은 산은 아니지만
저 걸음으로 어디까지 올라갔었을까
차마 묻지 못하고 비켜섰다

잠시 후 뒤돌아보니
아슬아슬하나 의연하게
종종걸음치며 내려가고 있다.

가을

바람 냄새가 좋다

낙엽이 자홀自惚해 가라앉고

그 무게가 땅을 흔든다

빈손이 가볍게 떨고 있다

하늘이 문을 열어 줄

그 겨울이 가깝다.

깜짝 스쳐간 찬란한 날들이여

아, 눈이 부시다.

소망

횅한 가슴에 바람이 일고
저리도록 손발이 시려오는데
헛된 바람을 떨쳐버리니
비로소 적당히 견디며 지나는
이 가을이 상쾌하다
머잖아 흰눈이 덮어주면
속은 따스할 터이니
거기 안심하며 잠들 수 있으리라
혹시 아침 햇살이 따가워
눈 뜨게 된다면
넉넉히 가난하게 일어나
기막히게 가슴 뛰는
새 하루를 맞으리라.

김봉겸

준비

참 먼 길을 왔다
벌판에서 청춘이 가고, 어느덧
저녁 산마루를 넘는다
그제야 둘러보는 세상이란,
서쪽 하늘로 흩어 꺼지는
구름 같은 인생의 자리였지만
돌이켜 보면 혼자가 아니었다
스스로 살아온 게 아니었다
눈 어두워지고, 비로소
큰 가슴에 안겨 있음을 보게 되니
그 자애慈愛를 깨닫는 게 바로 은혜이다
안심하며 누리는 개안開眼의 복이다
아아!
길 끝이 가까워 저만치인 듯한데
이제라도 그에 감사하며 맑게 살다가
때가 차면
자유롭게 영원으로 돌아가면 되리라.

자족自足

질풍노도疾風怒濤의 열정은
그 한때로 충분한 거
어긋난 사랑도 기억 저편으로 넘어간
잔잔한 바다

침침한 눈을 비비며
여기 멈춘 발이 편안하다
할 일을 했고
빗나간 일 많지만
넉넉하다
만족한다

금생과 내생의 약속이 다 있으니
이쯤 해서 잠든다 해도
그대로 좋겠다.

11월

왠지 한 번
취한 듯 홀린 듯
기대어보고 싶은
목마른 나무

뙤약볕에도 빳빳이
찬바람에도 꼿꼿이
날을 세우던 혀가
서늘하게 식는다

안개처럼 빗물처럼
빨강 립스틱, 검정 스타킹을
훑어내려 맺힌
서툰 감정을 씻어내고
이제는 가만히 서서
맨 처음의 얘기를 확인하고 싶다

11월은
남은 날에 감사하며
초조하지 않는 자를 위해
주어진 선물이다.

소란의 진원震源

겨우 든 잠이 깬다
아직 한밤중이라 캄캄하고 조용하다
한번 깬 잠이 쉽게 다시 들지 못한다
몇 번 뒤척이는 사이에 주변이 소란해진다
온갖 소리가 멀리서 가까이서 울려댄다
뭔 일이 벌어진 건가
숨죽이고 귀를 기울인다

그건 나이들어 고장난 내 귀에서 울리는 소리
그건 나이들어 고장난 아내의 코고는 소리

갑자기 세상이 소란해진 게 아닌
인생의 낙엽이 구르는 소리다.

내 소원

돌아보면 천수天授 칠십여를 사는 동안에
언제나 하늘은 내 편이었다
나아가지 못하고 숨을 몰아쉬며
천지간天地間에 홀로 막막하던 때에도
어느 순간엔가 빛이 비쳐왔다
슬픔은 조용히 흘러갔고
아픔도 고여 맴돌지 않았다
천하에 송곳 하나 꽂을 곳이 없었는데
세상에 누구 하나 기댈 만한 이 없었는데
하늘은 그런 나를 깨워 세움으로
삶의 고비 그 시간마다
충분히 아름다웠다고 고백할 만한
내 인생을 살아가게 해 주었다

이제는 모두에 감사하며 살다가
돌아가는 날에 한결 가볍기를 소원한다.

함박눈이 내릴 때면

함박눈이 펑펑 쏟아져 내릴 때면
꿈속에서나 만날 만한 사람과 함께
은근슬쩍 팔짱을 끼고
함빡 함빡 웃으며 눈 속을 걷고 싶다

부딪치듯 서로를 의지하며
종종걸음으로 맴돌다가
빠져나오지 못할 만큼 눈 속에 묻혀
눈사람이 되고 싶다

맨손에 전해지는 체온을 느끼며
주름진 얼굴이 활짝 피어날 때쯤
눈사람의 웃음으로 마주보며
녹지 않을 만큼 얼굴 가까이 다가가고 싶다

함박눈이 펑펑 쏟아져 내릴 때면
눈 속으로 눈 속으로 빠져들어
한 번쯤 다른 세상을 살고 싶다.

바람의 자리

세상을 휩쓸던 바람들이
산으로 올라
모였다

넘어뜨리던 바람
날아오르던 바람
바람, 바람들

그들이 산에 누워
나란히 다들
잠을 잔다.

길

그 멀던 길,
태산에 걸쳤던 그 길
바다에 빠졌던 그 길

어느새
넘고 건너
뵈지 않던 끝 여기에
이렇게 서니

태산도 바다도,
나를 살게 한 길이었음을
알겠다.

남 춘 길

『문학나무』 수필 등단, 『한국크리스천문학』 시 등단
범하문학상, 별가람문학상 수상
한국크리스천문학가협회 부회장 및 운영이사장
한국문인협회, 한국수필가협회, 송파문인협회,
푸른초장문학회, 별빛문학회 회원
『크리스천문학 숲』 운영위원
순국선열 김마리아 기념사업회 이사
정신여중고총동문회장 역임, 남포교회 권사
수필집/『어머니 그림자』, 『숨겨진 행복』,
『감사의 향기로 나를 채우다』(여류 수필 5인선)
시집/『그리움 너머에는』,
『노을빛으로 기우는 그림자』

기다림

푸른 달빛에
익사해 버린
한 송이 꽃잎처럼

남겨진
남루를 헹구어 낸다

이제
들릴 듯 들리지 않던
새벽빛 소리가
듣고 싶었던
마르지 않는 샘물 소리가
들릴 것 같아

구름에 가려진 태양을
찾아낼 수 있을 때
맑고 깊은 소리로
외쳐보고 싶다

아즈위AZWie라고!

*AZWie: 희망이라는 뜻. 넬슨 만델라가 구속 중 딸의 아기를 위해서 지어 준 이름.

눈꽃 피는 아침에

나무마다 눈꽃 핀
이른 아침
발밑에 눈송이도
노래로 화답하고

별빛처럼 흐르는
눈발 사이로
겨울이 익어간다

지쳐 있는 마음 깃을
오랫동안
쓰다듬어 준
겨울 햇살이
품고 있을
연둣빛 바람은
어디쯤 오고 있을까.

꽃눈 뜨는 소리

깊고 쓸쓸한
겨울날
기다림을 가르쳐준
겨울나무

차가운 날들에
묻어 있는
아픈 비늘을
긁어내리며
시린 나무에 쌓였던
절망을 걷어낸다

희미하게 잠을 깨는
새 계절의 입김
몰래 다녀간 듯한 바람으로
부드러워진 흙냄새

수만 개의 눈을 가진
꽃나무들이
다투어 눈을 뜨면

햇살 가득
까칠한 봄볕에도
꽃잎을 연다.

성숙

성숙의 그릇은
채움이 아니고
비움이다

섬김의 옷을 입고
낮아질 줄 아는
한줌
맑은 물이다

어둡고 허기진 응달로
찾아든
한 줄기 햇살이다.

시간 은행

버려진 시간들을
주워서
차곡차곡 모아
아껴둔
내 시간을 보태
저금을 한다

잔고가 늘어날 때마다
흐뭇한 마음

게으름뱅이에겐
빌려주지 않지만
부지런한 사람에게만
이자 없이 빌려주는
곳간

필요할 때
언제나
꺼내 쓸 수 있는
시간 은행.

어머니의 골무

분홍, 노랑,
꽃봉오리 같던
어머니의 골무

수놓던 골무 끝에서
싹이 나고
꽃잎도 피어나고
노래 부르던
새들도 날아올랐다

그리고
내 꿈도 수놓고
내 한숨도 기워 주던
어머니의 골무

둔탁한 내 가죽 골무 끝에서는
헝크러진 바짓단이
힘겹게 눕는다.

고요를 향하여

말을 많이 한 날도
밥을 많이 먹은 날도
후회가 많다

마음을 비우고
옆자리도 비우고
고요를 기다리면

맑아진 눈빛에
어깻죽지에
날개가 돋으리라.

어머니의 된장찌개

어머니
된장찌개엔
달래향이
푸르게 살아 있었다.
사랑도 한 움큼
구수함도 한 움큼
녹아 있었다.

그리움 수북 쌓인
내 된장국엔
씁쓸한
오늘이
가득하다.

은혜의 길

부서진
외로움
아프다고
소리쳐도
그때가

그분을 만나는 시간이다

흩어진
고난마다
빛 되어
찰랑이며
다가오는

사랑의 잔이다.

그리움 너머에는

여기저기 흩어진
그리움을 모아
색색의 조각보를
바느질한다

분홍 그리고 초록
노을 물든 그리움도
찾아냈는데

끝내
찾지 못한

숨어버린
물빛 그리움은
젖은 마음 때문인가
슬픔 끝에
매달린 목마름 때문인가

그리움 너머에는

바람처럼 떠도는
구름 사이로
일곱 색깔 무지개가
떠오르리라.

이른봄

새벽바람은
갓 베인 시간을 물고 와
회색빛 아침이
물오른 나뭇가지 위에 걸리고

햇살은 빠른 걸음으로 달려와
창문을 두드린다

어느새
겨울을 밀어내고
다가온
한줌 봄볕이
눈부시다.

아보카도 익히기

아보카도가 우리들의 식탁에 오르게 된 것은 얼마나 오래되었을까? 아보카도를 처음 먹어보았을 땐 내 맛도 네 맛도 아닌 것이 밍밍하기만 하였다. 이름도 들어보지 못했던 야채나 과일들이 우리의 식생활을 변화시킨 것이 어제 오늘만의 일은 아니지만 아보카도는 가장 최근에 알려진 먹거리다. 파프리카, 브로콜리 등은 익숙해졌지만 이거야말로 세계화가 아닌가 싶다.

맛이 달콤하거나 고소하든지 아니면 쓴맛으로라도 먹을 수 있어야 하는데 맛을 알 수 없어 도무지 당기지 않았다. 음식에 일가견이 있는 후배에게 물어보니 김에 싸서 먹어보라고 했다. 그렇게 먹어보았지만 그 맛도 별로였다.

제법 먹을 만하다 느끼게 된 어느 날, 비로소 아보카도의 맛을 알게 된 날, 아! 이런 맛이었구나. 알맞게 익어야만 제맛이 난다는 것은…. 과일이나 야채 맛이 전혀 아닌 것 같은 치즈의 맛이 나는 녹색 식품, 불포화지방이 풍부하여 혈관 건강에도 좋고 비타민과 칼륨이 많아 나트륨을 배출하고 노화방지에도 도움이 된다는 '영양의 보고'라는 걸 알게 되었다.

브라질이나 멕시코의 울창한 숲에서 알맞게 익어 순박한 이들의 배를 채워주던 아보카도를, 영악한 문명국들의 손길이 익지도 않은 열매들을 마구잡이로 따서 전 세계로 보내 우리나라

식탁까지 오게 된 것 같다.

아보카도는 껍질이 부드럽게 벗겨질 때까지 잘 익혀야 하는데 그게 여간 까다롭지가 않다. 한꺼번에 구입하는 방법도 있겠으나 두 식구 사는데 3개가 한 팩으로 포장된 것을 사오곤 한다. 더운 계절엔 상온에 두어 3,4일 익혔는데 찬바람이 부니 일주일이 지나도 막무가내로 익지 않았다. 그럴 땐 도저히 먹을 수 없는 맛이다. 알아낸 방법이 신문지에 싸서 봉투 안에 넣어 익히는 것이었다.

신문지에 싸서 봉투 안에 넣어 익히는데 놀라운 사실은 2개를 함께 묶어 익히는 것이 1개만 익히는 것보다 훨씬 빨리 익는다는 것이다. 위대한 발견이었다.

식물도 사랑의 터치를 하는 것인가!

얼마 전 읽은 감동적인 사연이 떠올랐다. 미국 매사추세츠 메모리얼 병원에서 1kg도 안 되는 쌍둥이 조산아가 태어났다. 그중 한 아기는 건강한 편이었으나 심장의 이상을 안고 태어난 또 한 명의 아기는 살 수 있는 희망이 전혀 보이지 않는 위험한 상태였다. 한 생명을 포기해야 할 상황에서 경험이 풍부한 간호사가 두 아기를 같은 인큐베이터에 넣어보자는 의견을 내었다. 인큐베이터에 아기 2명을 넣어서는 안 된다는 병원 규칙을 어기고 마지막 희망으로 두 아기를 함께 넣었을 때 놀라운 일이 일어났다. 1kg도 안 되는 건강한 아기가 작은 손을 뻗어 아픈 자매의 어깨를 포옹한 것이다. 그 뒤 위험했던 아기는 안정을 찾았고 혈압과 체온이 정상으로 돌아오면서 회복되었다.

지금은 건강하게 성장하고 있다는 감동적인 사연이었다.

보통의 상식으로는 이해하기 어려운 이 놀라운 이야기는, 사랑으로 힘을 합하면 죽음까지도 뛰어넘을 수 있다는 강렬한 메시지를 전해 주었다.

전도서 4장 9~12절에서도 두 사람이 한 사람보다 나음을 말씀으로 배웠다.

'백지장도 맞들면 낫다.'라는 조상들의 교훈도 있지 않은가.

따뜻한 인간관계보다는 경쟁으로 상대방을 넘어서려는 '살벌한 삶의 모습!'이 무섭고 부끄러운 세상에서 이기심으로 가득찬 살얼음 위를 걸어가는 불안 가득한 사회를 바꿀 수 있는 방법은 오로지 서로 돕는 사랑이 아닐까!

황혼녘 발걸음을 떼다

늦은 나이에 걸음마를 시작하듯 황혼녘 발걸음을 떼어놓은 글쓰기는 의욕을 잃어갈 나이듦의 쓸쓸함에서 깨어나 삶의 완성을 향하여 나아가는 발걸음임을 일깨워 주었다.

지난날 모교를 위해 활발하게 일하던 그 시간들이 보람과 기쁨으로 내 삶의 노트 속에 싱싱하게 살아 있다.

선배님들과 후배들, 동기 친구들의 사랑과 격려가 있었지만 힘들기도 했고 두렵기도 했었다. 회장직만은 피하고 싶었던 마음의 소리가 솔직한 심정이었다. 함께하시는 주님의 은혜가 가장 큰 힘이 되었다.

모교를 위하여 크고 작은 일들을 해나가면서 나 자신이 성장하는 소리가 들리는 듯하였다. 봉사와 헌신은 감사와 함께 스스로 영혼의 근육을 키워나가는 귀한 일이라는 것을 알게 해준 값진 교훈의 행복한 기억이 되어주었다.

오랜 시간 기도로 준비하고 10여 년 기금을 모금하여 모교의 예배 처소를 마련하던 일은 가장 보람되고도 기쁨 가득한 일이었다. 국내는 물론 미국행 비행기에 올라 미국 전역을 누비는 수고는 동문 모두의 힘을 합한 열매로 맺어졌다. 주님의 교회와 연계해서 이루어진 일이었지만 모금에 참여한 지금의 우리들이 세상을 떠난 후에라도 새싹 되어 자라날 10대의 후배들이 예배실과 기도실에서 찬양하고 말씀으로 믿음을 키우고 꿈을 이루어 나갈 것을 생각하면 우리들의 수고는 더할 나위 없는 값진 보석이 되어줄 것이었다.

그 이후에 일을 맡아 하는 후배들이 더 크고 훌륭한 일을 이루어냈으며, 나는 격려하고 도움말만 주면 되는 선배의 위치로 가 있었다.

바쁘게 돌아가던 생활이 한가해지면서 놓여나는 해방감은 필요로 하던 곳으로부터의 추방이라는 묘한 허전함을 가져다주었다.

먹을수록 포만감은커녕 허기만 느껴지던 결핍처럼 둥글게 패어가던 마음속의 웅덩이가 글쓰기를 통해 조금씩 메꾸어지고 내면의 치유가 이루어지는 느낌이었다. 늦은 나이의 글쓰기는 어렸을 때의 시간도, 젊은 날의 추억도 불러내고 지금의 나도 찬찬히 들여다보게 되는 성찰의 시간이 되어준 것이다.

문학지에 신인상을 받아 등단하면서 당선소감을 이렇게 썼었다.

"애꾸눈 대왕은 화가들을 불러 자신의 초상화를 그리게 하였습니다. 애꾸눈 그대로 그려진 초상화도, 양쪽 눈이 번듯하게 그려진 초상화도 마음에 언짢기는 마찬가지였습니다. 애꾸눈 대왕의 아픔을 건드리지 않고 배려해 성한 쪽 눈의 옆얼굴을 멋있게 그림으로써 애꾸눈 대왕의 상처를 감싸안은 화가의

지혜로움을 닮고 싶습니다. 누구에게나 깊이 박혀 있는 악의 옹이 단점을 캐내려 하지 않고 누구나 갖고 있을 좋은 점만 찾아내 따뜻한 눈으로 바라볼 수 있는 온기 가득한 글을 쓰고 싶습니다."

마음먹은 대로 내 글이 읽는 이에게 위로가 되었는지는 잘 모르겠지만 마음의 소리를 외면하지는 않았다. 부족한 글을 책으로 엮으면서 깊은 감사와 간절한 기도를 담고 또 담았다.

내 글을 읽는 이들이 공감으로 고개를 끄덕여주기를, 영혼의 위로를 받아 시린 마음이 훈훈해지기를 염원하였다.

꿈을 이루기 위해 치열하게 살아내지도 못했으면서 대책 없이 나이만 먹어버린 부끄러운 쓸쓸함!

내 책이 세상에 나온 것을 보고 나를 따르는 후배들에게, 나의 지인들에게 긍정의 에너지와 도전 정신을 일깨워주었으면 하는 바람이 있다.

나이들었으니 그저 건강이나 챙겨야지 하는 체념 섞인 푸념에서 벗어나 좋아하는 일을 시작하면 무언가를 이루어낼 수 있다는 햇살 가득한 보람의 날들을 선물하고 싶은 마음이다.

맹숙영

성균관대학교 영어영문학과, 한세대대학원 문학석사 졸업
한국문인협회 위원, 양천문학 자문위원,
한국크리스천문학가협회 부회장, 한국현대시협,
한국기독시인협회, 국제PEN 한국본부 이사
푸른초장문학회, 신문예, 한국작가회 회원
양천문학상, 창조문학대상, 시인시대시창작대상,
한반도문학최우수상, 성균문학본상,
한국문협서울시문학상, 기독시문학작품상,
한국크리스천문학상, 한국작가작품상, 자랑스런양천문학인상
시집/『사랑이 흐르는 빛』,『꿈꾸는 날개』,
『바람 속의 하얀 그림자－韓英대역』,
『불꽃축제』,『아직 끝나지 않은 축제』,『아름다운 비밀』,
『우리가 사랑할 수 있는 시간』,
『백년의 바람－한국대표서정시100인선』,
『여로旅路 황금빛에 감기다－포토시집』,『햇살 월계관』,
『시를 위한 팡파레fanfare』,『영원한 여기에』

어떤 자화상

한 세기를 걸어가는 디딤돌 위에 서서
가던 길 멈추고 잠시 뒤돌아보며 숨을 고른다

그사이 반백년 훌쩍 넘은 희미해진 나이테
백년의 고독한 사랑의 화석으로 허옇게 퇴색되었다
불혹을 지나 지천명이 언제였나
산수의 잔치도 끝났다

아리스토텔레스도 수많은 철학자들도 풀지 못했던
나는 누구인가
정체성을 찾아 미로 같은 내일의 길을 걸어간다

결 곱게 내린 붓끝이 남편의 손끝에서
묵향 짙은 먹물에 고루 묻혀
예서의 꽃을 피우는 밤이면
나는 꽃잎에서 이슬 한 방울 따와
자음 모음 모아 시꽃 피운다
까만 밤도 하얗게 지새우는 날이다

시를 위한 주문呪文의 밤이 가고 미명이 트면
아침햇살 받은 잔잔한 강물은 보상인 듯
윤슬로 보석밭 깔아준다

아주 작은 것에 감동하고 감격하였던 날들
나는 때때로 천국을 걸었지

그 빛 안에서 그 사랑 안에서
감사로 시작하는 새벽 내일을 꿈꾸는 밤
나는 아직 축제 중이다

존재와 소멸의 고독

살아 있는 것에의 경외감으로
생명을 존귀히 여겼었네
인류를 품에 안고 가던 날들은
이제 백년의 고독한
사랑이 되어 버렸네
갈까마귀 거부할 수 없는 몸짓으로
바람의 손짓 따라가네
검은 날개붓으로 푸른 하늘 까맣게
덧칠하며 날아가네
지난날의 의지를 잃어버린
언덕 위 억새풀 풀어진 시선
하얗게 흐트러진 갈기 끝으로
바람을 날리며 뒤돌아보네
다시 못 올 그날을 그리워하며
아름다운 세상 바라보네
성에 낀 시야 너머로
낯설게 멀리 바라보네

시지프스 Sisyphus 오르기

오늘 밤 습작 노트는 낙서장
썼다 지우기를 되풀이하는
절망 연습장이다
몇 개 정해진 시제를 줄타기하며
오르내리는 동안
한 줄의 아쉬움으로 마음이 언짢다
얼마나 시지프스의 산을 오르내려야 할까
시를 써야 시인인 사명감이 눈을 뜬다
고요를 누르고 시계의 초침이
멘탈 세계를 공략하는 밤
규칙적인 소리는 짜맞춤일까
소음을 탓하지 말고 멘탈 세계로 몰입하자
애쓰다 보면 마침표를 찍을 수 있지 않을까
"훌륭한 시는 아직 쓰여지지 않았다"는
보르헤스의 말은 언제나 고무적이다
시지프스의 밤이 날밤으로 지샌다
얍복 나루에서 날이 새도록
누군가와 씨름하던 야곱이 생각난다
마침내 축복을 받아내었던 일이

손톱 속 유영游泳

내 손톱 안엔
작은 우주가 들어 있다

동산엔 날마다 달이 뜨고
무음無音의 힐링열차 지나간 자리엔
은빛 투명 하현달이 아스라하다

꿈꾸고 있는지 몽롱한 밤이면
만월을 꿈꾸는 저 달은
내 몸에 뿌리를 내리고
수줍게 이마만 내비친다

나는 별자리에 서서 행성으로 가는 별꽃 길을 바라본다

홀로 인증 샷 하고 돌아선 자리
머리에 꽂고 간 나비 하나
날개 펴고 날아오른다
이어서 수많은 나비들이 부화한다

푸른 하늘을 덮고 우주로의 도킹
블랙홀로 빨려가는 길이다

사람의 발길이 닿지 않은
은하수밭 바람재 너머엔
소금밭이 보석밭처럼 펼쳐져 있다
꽃불 든 작은 들풀의 향연이다
오늘 밤도 달이 뜰 것이다

시제時制의 와중渦中에서

우리 젊은 날의 이데아는
어느 시간의 초침에서 화석이 되어 머물렀을까
장닭의 홰치는 소리
그 회로의 숫자는 기억 속에 얼마나 감지되어 있을까
검푸른 지중해의 끝자락에서
한 올의 햇살 끌어당기던
그 미세한 불가항력적 힘의 논리를
친구여 기억하는가

가을 깊은 날 캠퍼스 은행나무 아래
황금색으로 물든 꿈빛 낙엽을 주우며
낭송하던 셰익스피어 소네트를
혀끝에 감기던 감미로운
19세기 영국 낭만주의 시를
그 기억의 되새김을 놓치지 않았겠지
함께 즐거워했던 그때를
오늘은 피드백 풀어 보고 되감는다
삭제의 클릭으로 현재의 시제는
다시 과거 시제로 묻혀버리고

3차원 시간 너머 4차원으로

벼랑 끝에 매달려 발버둥치던
피돌기를 멈춘 고뇌의 심장이여
그 찰나에 한 시간은 멈추고
한 세계도 멈추었네

차디찬 땅바닥에 떨어져
육신만 남겨놓고 영혼은 떠나버렸으니
이승과 저승의 경계선상에서
기도의 줄을 붙잡고
안간힘 썼지만 어찌하리

차원이 다른 영육의 세계
이미 갈라선 서로의 운명
멈추어선 시간 위로 달려 나가는
또 다른 시간이여

3차원의 세계를 떠나버린 영혼
4차원의 세계는 안개꽃 너머
육신의 시야에서 사라지네
시나브로 희미하게 사라지네

제비맞이

음력 3월 3일을 삼짇날이라 이르지
양수 겹치는 좋은 날이라
강남 갔던 제비 돌아오는 날에 붙여
이르는 말로 '제비맞이'라는 세시풍속이다

이때쯤 동안거에 들었던 봄의 전령들이
겨울잠에서 실눈 뜨고 기어나오고
남녘에서 불어오는 마파람에
버드나무엔 물이 오른다
배꽃 움이 배시시 눈꽃 뜨면
복사꽃도 피어오르는 춘삼월이다
꽃제비 돌아온다 돌아온다 얼씨구 절씨구

고운 햇살이 지붕 위에서부터
미끄러져 내려와 마당을 채운다
새들은 마당을 몇 번씩 정답게 휘돌아
처마 밑 북풍에 허물어진 낡은 옛집에 들지
헌집 손질 새집 꾸미니 제비 입질이 부르튼다
이때쯤 농촌에선 여러 가지 파종할 때라
계절을 위한 손질이 분주할 때다

고추잠자리 붉은 무도회
―마지막 축제

강변 푸른 초원
지상의 녹색 정원 무한 공간으로
은빛살 부시도록 퍼트리며
햇살의 마지막 윤슬 잔치 출렁인다

고추잠자리 붉은 춤사위
허공에 일으킨 파장
무한대로 충전된 에너지
에덴동산의 부활이다

금잔화 황금빛살 타고
들꽃의 향기 사방으로 날려 보낸다
나신의 원초적 고별 행위
앙리 마티스의 춤이 오버랩된다

허공에 펼쳐지는
고추잠자리 붉은 퍼포먼스
새 하늘 아래
신성의 초원이 열린다

마스크여 백합꽃으로 피어라

수다로 만발한
언어의 꽃이
당신의 입술 위에서
하얀 백합꽃으로
피었습니다

당신의 입술 위에도
변이의 바이러스 오미크론
하얀 백합꽃 향기로
피었습니다

이 꽃들이 아름답게
이 꽃들이 향기롭게
지성소의 기도가
되기를 원하옵니다

오 하나님
세상과 사람을 사랑하십니다
당신이 참고 기다리시는 마지노선
어느 때까지입니까

슬픈 날의 별 하나 어디로

그날 밤 후쿠오카의
시리고 쓸쓸한 침묵은
참혹하게 숨이 멎었다
흙빛 하늘에선
별들의 눈물이 쏟아져
꽃잎과 나뭇잎들에 이슬로 맺히고
바람은 중심을 잃고 허우적거렸다
아 2월의 감방 안에선
무슨 일이 일어났던가
죽어가는 모든 것도 사랑하던
한 점도 부끄럼 없는 순수의 별 하나
지상에서 사라지는데
오늘 백년이 되어도
어제 천개의 바람이 불어도
잠들지 못하는 암울한 시대의 넋은
영원히 가슴 가슴에
고운 시혼으로 남아
오늘을 사는 시인의 영혼에
애절하게 바람으로 스치운다

구름역 환승

잠깐 생각이 아웃 오브 오더에 걸렸다
새로 산 신으로 바꾸어 신고 나온 내 잘못이다

베르나르 베르베르의 신작
〈꿀벌의 예언〉 나왔다기에
서점에 가려고 급하게 서둘렀던 탓

〈참을 수 없는 존재의 가벼움〉*으로 인한
자신의 행동에 더 이상은 안 돼
환한 구름역에서 급히 내렸다

모세혈관까지 부풀어오른 발을
달다방에서 신 벗고 쉬는 동안
안드로메다행 열차 도착
AI 챗봇 GPT시대 무작정 올라탔다
내가 은하철도 999열차에
탑승했다는 사실을 그제서야 알았다

물고기 몇 마리만이 물 없는 빈칸에서
파닥이며 놀고 있었다

열차는 달린다 지구로부터 이백 광년이나
멀리 날아가고 있는 것일까

해는 구름 속으로 들고 기차는 어느새 은하를 덮고
시간 속으로 날아가듯 쾌속 질주하고 있다

인생도 따라가며 달려야 하지 달려라
어디까지일까 숨이 헉헉 차오른다

*밀란 쿤데라의 저서명.

시골 빈집

허물어진 대문이 취객처럼
비스듬히 빗금으로 서 있다
한때는 웃음이 봇물 쏟아지듯
꽃춤 추며 화무를 그렸지
불 꺼진 지 오랜 시간
굴뚝엔 연기 마르고
냉한 습기가 안개처럼 덮고 있다
아가의 울음소리 발자국 소리마저도
어디론가 묻혀버리고
심장이 멈춘 지 오랜
폐허된 목마른 땅
어둠은 그림자를 삼키고
무겁게 말뚝에 꽂혀 있다
인기척 사라진 빈집엔
담장 한 귀퉁이의
주목나무만이
소리 없이 붉게 울고 있다
바람도 머물고 싶지 않나 보다
달빛은 눈감은 채
속눈썹 맞대고

종소리

자각의 날 선 끝이 폐부를 찌른다
황막한 어둠의 청동 못에서
응집凝集된 자존의 상실감은 용해되어
석류수로 흘러내려 물이 되어 흐를까
흐르다 맑디맑은 청정 계곡에 이르러
서른세 번 재계齋戒하면
옷깃의 먼지는 바람 되어 날아갈까
푸른 함성으로 산 숲 바람벽에서 숨을 고르고
욕심이 웅크리고 있는 거리를 건너뛴다

어디로 갈까 머물 곳 찾지 못하고
늦가을 맑은 햇빛 아래 맴도는 고추잠자리
한쪽 날개 끝 어디에 상처 입고
실핏줄 터진 모세혈관
은사 실로 짜여진 곱디고운 날개
지문처럼 남아 있는 상흔은
외치는 소리 빈 껍질 허물로만 남겨 놓고
어디 모를 곳으로 바람으로 날아갔나
다시는 되돌아올 리 없는 흐름이라도
명경지수로 흐르고 또 흐르리

내 서재 안의 QR 코드

시공간이 혼합 태그 되고 조명등 켜지면
서재 안은 물속처럼 깊어진다

서책이 벽을 이룬 서가 사이사이에
미이라 된 시간들 미로를 헤집고
좀비처럼 절뚝이며 걸어 나온다

지식의 보고 이 공간
어디에 비상구 있었던가
몇 세기 간의 집합소일까
데이터베이스에서
거대한 인식의 물줄기 흘러내린다

형이상학의 꽃눈이 벙글고
낭만주의가 아련한 꿈속을 헤맨다

두레박 물 퍼올리는 소리는
몇백 년 전일까

젊은 날의 꿈이 나래 달고 발버둥쳤던 안간힘

빛바랜 영상 빈 허물로
수면에 떠오르는가 하더니
산산이 부서져 현란한 춤으로 날아가 버린다

다시 오는 새벽을 인식함인지
원점으로의 회기
내 서재 안 사각의 QR코드 속으로
다시 제자리 찾아가는 시각이다

페르소나 Persona

흰옷 입은 사람들
꽃차를 타고 씨 뿌리며 지나간다

꿈의 씨앗 품은
욕망의 수레 지나간 자리엔
우후죽순처럼 솟아난 건물들 기지개를 켠다

어디서 날아온 공작새 화려한 날개 펼치고
팬트하우스도 덩달아 높이 떠오른다
모던한 캐릭터의 시크한 건물
빨간 뱀 한 마리 스르르 미끄러져 나간다

문명의 발달에 투명 변신한 사탄
인간이 쌓아 놓은 공든 탑
제멋대로 오르내리며
마스크의 행렬을 조롱하며 바라본다

오 하나님 당신도 어찌할 수 없으십니까
뻔뻔함을 감춘 마스크 가면 속
울부짖는 기도엔 한 방울의 눈물이 부재다

달리다굼 일어나라

꽃이 지는 밤이라도
바람은 꽃향기 실어오네
에오스*의 슬퍼하며 흘린 눈물이
새벽 이슬로 젖네
어여쁜 여인이여
고통은 털어내고 눈물은 닦아요
귀를 열어 권능의 음성을 들어요
달리다굼* 일어나라

*에오스 : 새벽의 여신.
*달리다굼 : '소녀여 일어나라'는 뜻.
　　　　　죽은 소녀가 다시 살아났다는 이야기.

홀로코스트 Holocaust
―Holocaust Memorial, Berlin

나치의 깃발 아래 짓밟힌 수많은 목숨들
죄 없이 도망치다 육신과 영혼까지도
죄목도 없이 붙잡혀 피눈물의 빵을 먹으며
스스로 탄식하며 운명을 저주할 때
인간의 존엄은 무너지고
지상엔 악명의 바람이 나부꼈으리

검은 그림자 뒤덮인 죽음의 수용소
가스실에서 고문실에서 몸부림칠 때
살덩이는 부서져 땅바닥에 뒹굴고
어머니 그 이름 목 놓아 부르며
조국의 이름을 외칠 때
해와 달도 빛을 잃고 슬퍼하였으리

불러도 메아리도 오지 않는 잔인한 땅
생체실험실에서 죽음으로 흐르는 눈물
죄 없이 가시관 쓰시고 십자가 지신
그분의 눈물도 함께 흘렀으리
긍휼의 구원자를 부르짖고 또 부르짖으며
부활생명을 꿈꾸었으리

*홀로코스트 Holocaust : 유대인 대학살.

박 영 애

행정학박사, 철학박사
[등단] 방송작가(KBS, 1972), 시/신아일보(1973)
동화/아동문학(1992), 동화, 동시/글사랑문학회(1993), 수필/문학바탕(2024)
현)ERICA 한양대 인문학 출강(외래교수)
단국대 미래국정최고경영자과정 주임교수
한국유네스코 서울협회 고문
보건복지부 지정 시니어비전연합회 상임부회장
한국문인협회 상벌위원장
국제로타리 3650지구 남솔로타리회장
[수상] 환경부장관상(환경콘텐츠개발)(1996),
천등문학상(1998), 보건복지부장관상-여성가장최다취업(2006),
자랑스러운한국인상(2013), 아름다운글문학상(2020),
한국가곡예술인상(2021), 한국문인협회 아동문학상(동시, 2024)

흐르라, 머뭇거리지 말고

이른 새벽
계곡물은 숨결을 고르고
깊은 바위틈을 지나며
잊혀진 이름을 속삭인다

흘러온 길 위에서
나는 몇 번이나 멈추었던가
물은 오래전부터 같은 노래를 부르건만
나는 이제야 그 뜻을 헤아린다

덧없다 말하지 말라
그립다 말하지 말라
한순간도 온전히 살지 못한 채
떠나보낸 날들이 나를 붙잡는다

그러나 물은
아직도 갈 길이 남았다며
흔들리는 빛으로 속삭인다
흐르라, 머뭇거리지 말고.

산다는 것은

저물녘 물감이 번지듯
주님의 하늘 아래 나를 얹고
바람이 나뭇잎을 흔들듯
그분의 손길 따라 나는 숨을 쉽니다

먼 길 흐르는 강물처럼
주님의 뜻 안에서 나는 흘러가지만
뿌리 없는 나무인 듯
그분의 사랑 없이는 나는 쓰러집니다

그래서 산다는 것은
하나님의 숨결로 빛을 지피는 일
그분의 섭리 안에서
서로를 기대며 길을 걷는 일

끝내 해가 기울면
주님의 품으로 스며드는 일입니다.

박영애

봄을 기다리며

잿빛 하늘 아래
희망의 숨조차 머물지 못하게
얼어붙은 땅
지친 마음은 바람에 흩어지고
기약 없는 기다림만 깊어진다

오직 바라는 건 보이지 않는 곳에서
숨죽였던 뿌리가 깨어나며
봄의 숨결을 틔우기만 바란다
들리지 않는 대지의
속삭임 속에서

다시 조용히 믿어 본다
흐린 하늘도 언젠가 빛을 틔울 것이고
얼어붙은 땅에도 온기가 스며들어
감당해야 할 삶은 비록 흔들려도
결코 무너지지 않을 거라고.

빈 의자

구석에 놓인 빈 의자 하나
그 누구를 위한 자리일까
아니면 떠난 이의 흔적일까

때로는 손을 잡아주고
때로는 침묵을 지켜주며
내 마음을 채워주던 흔적 같다

빈자리라 슬플 줄 알았는데
그 텅 빈 곳엔 여백이 있는
작은 쉼과 고요함이 깃들었다

그 침묵 속에서 전해 온다
무겁지 않는 삶의 무게와
비울 때만 채워지는 마음을

나는 그 빈 의자 옆에 앉아
나를 기다리는 법을 배웠다
텅 빈 듯 차오르는 마음으로.

놓아주는 용기

손에 꼭 쥔 채 바라만 본다
바들바들 떨며 아까워하던 것
내 것이라 믿었던 것

그러나 어느 날,
섬광처럼 어느 순간에
나는 문득 손을 편다

바람이 지나가고
따스한 햇살이 자리를 채워주자
무겁던 마음이 가벼워진다

놓아준 것이 아니라
비워둔 것이었음을
그제야 나는 알았다.

내 안의 겨울

찬바람 세차게 불어도
봄은 오고
새순은 언 땅을 뚫고 나오고
시간은 흐르는 길을 내주건만
나는 왜 제자리일까

세월 탓, 시간 탓하며
머뭇거리는 나를 보며
이른 봄날 창가 먼지를
부지런히 털어내던 어머니가 떠올라
마음이 무겁다

꽃샘추위 이겨내며
창을 열고 햇살을 방안 가득 채워
내 안의 겨울을 밀어낼
따스한
용기부터 가져야겠다.

꽃비 내리는 날

그리움이 찾아와
유리창을 두드린다
빗방울 따라 스미던 기억도
희미한 물결이 되어 흘러내린다

창밖
조팝나무 하얀 꽃송이들이
흐드러지게 몸을 흔들며
까르르,
햇살 아래 웃음꽃 터트리니

차곡차곡 쌓았던 마음의 벽
옷깃을 여며 감췄던 그리움
그 모든 것이 꽃비에 젖어
스르르, 빗장을 풀고 뛰쳐나온다.

이슬의 속삭임

아주 작은 몸으로 태어났지만
세상을
품에 안을 수 있어요

그저 보고 느끼기만 하세요
사랑한다고, 안고 싶다 해도
날 가질 수는 없어요

사랑은 소유가 아닌
그저 바라봐 주는 것이기에
거짓 없이 맑고 투명하게

세상을 가슴에 보듬다가
강렬한 빛이 오면
영롱함을 남기고 사라질 거예요.

봄의 기척

비탈진 산그늘에 남은 눈이
땅속에서 따스한 봄기운 올라오면
옹달샘 물길 찾아 흘러내리겠지

청둥오리 햇살 속에서 짝짓고
땅밑 개구리도
짝을 부르는 노래 부르겠지

버드나무 갈색 잎 흩날리면
흐르는 물결 위로
봄이 평화롭게 머물겠지.

시간 속으로

얼어붙은 동토에
무언가 해야 할 듯
급한 마음에
허둥지둥 발 구르며
뜬구름만 쫓는다

조급한 마음은 앞서는데
이성은 뒤처진다
추스르는 것이 우선이기에
인내와 소망을 안고
진실이란 거울 앞에 섰지만

현실을 마주하기가 두려워
갈등의 실타래를
풀지도 못한 채
재깍재깍 세월 속으로
시간은 들어간다.

자유의 무게

시간을 소중히 쓰리라 다짐하며
희망을 가슴에 품었건만,
쏟을 것을 다 쏟고 난 자리엔
의욕도 함께 스러져
하루 종일 무기력 속을 헤맨다

어디로 날아야 할지 모르는 새처럼,
머릿속은 쉴 사이 없이 떠돌고
이것도, 저것도 해야 한다며
자유를 기다렸던 마음이
되레 무겁게 내려앉는다

눈앞에 끝없는 길이 펼쳐졌지만
그 속에서 방황하는 자유는
기대했던 기쁨이 아닌, 낯선 불안이
나를 휘감으려 할 때가 되어서야
진정한 쉼의 의미를 찾으려 한다

나는 묶여야 빛나는 사람인가
구속 속에서만 흐름을 타고
자유 앞에서는
길을 잃는
이해할 수 없는 본성이 나를 가둔다

순간순간 모순과 마주하며
나아갈 길을 찾으려고
무기력의 장막을 걷고
돌파구를 찾아 몸부림치는 나는
여전히 부끄럽다.

미안한 마음

새해가 오면 어김없이
몇 줄의 다짐을 적어놓는다
누가 시킨 것도 아닌데
나 스스로 갈 길을 그려놓았지

달력은 어느새 몇 장째 넘겨지는데
벽에 걸린 약속들은
아직도 첫날의 빛깔로 머물러 있고
나는 다른 일에 밀려
그 곁을 그냥 지나친다

애초에 숨쉴 틈을 두었더라면
조금은 덜 미안했을까
쉼의 자리를 넉넉히 주지도 못한 채
기대만큼 채우지 못하고 보낸
어제를 돌아보며 미안해한다 나에게.

아름다움의 극치

재잘거리는 새들의 지저귐에
아침이 깨어난다

활짝 폈던 백목련이
간밤에 내린 봄비 품에 안겨
내려앉으니
연둣빛 잎이 무성하다

짧은 생애를 살다 가면서
아쉬움 남기지 않고
땅 위에 소복히 쌓아놓은
꽃잎이 의연해

많은 것을
움켜잡았던 마음
놔주는 것이
더 아름답게 보인다.

단풍길

차갑게 변한 가을 하늘에
청명한 바람이 마음을 스쳐가고
오색 단풍, 붉고 황금빛으로 물들며
잎새들이 바람에 춤추듯 흔들린다

가을의 길, 천천히 걸어가며
깊어가는 계절 속에 내 마음 담아보니
함께 걷는 이가 있어 따뜻해
추억은 더욱 선명히 새겨지네

떨어지는 기온 속, 손을 맞잡고
떨어지는 낙엽처럼 흘러가는 시간
곱게 물든 단풍이 삶을 닮은 듯
우리의 인연도 단풍처럼 익어가

차갑지만 풍요로운 이 계절에
마음과 마음이 따뜻하게 이어져
가을이 주는 소중한 순간들이
행복으로 물들어가기를 바라네

단풍길을 걸으며
아름다운 세상 속에서
추억을 곱게 새기며
누군가에게 안부 전하고 싶다.

가을에 물든 마음

노을빛 스며든 저녁 하늘 아래 서니
내 마음은 한없이 맑아진다

바람이 속삭이자
구름이 흩어지고
산만한 생각들마저
가을빛에 스며든다

두 손 가득 하루를 안고
천천히 어루만지다가
문득 하늘을 올려다보면
삶의 무게가 다 사라질 듯하다

사유는 깊어지고
감성은 저무는 햇살에 물들어
노을 속 내 마음도
붉게 타오른다

바람 속에서 나는 묻는다.
"이 길의 끝은 어디인가?"
그 누가 답을 해줄까
내 삶이기에 묵묵히 걸어갈 뿐

가을의 시원한 바람 속에
나의 하루도 흘러간다.

베란다의 작은 밥상

"아빠, 추워요."
"아빠, 저도요. 춥고 배고파요."
"여보, 더 추워지면 양식 구하기가 어려워요. 우리가 나가봅시다."
"아니오. 먹이 구하기 연습시켜야 할 시기니까 지켜봅시다."
찬바람이 불기 시작하자, 아빠 엄마 참새는 아기 새들 때문에 걱정이 많았어요. 나무는 나뭇잎 하나 없이 앙상했지요. 땅은 꽁꽁 얼어붙기 시작했고요.
"얘들아, 이제 너희들도 먹이를 스스로 찾을 만큼 많이 컸어. 너희들끼리 나가 보면 어떨까?"
"우리끼리요? 어휴~ 자신 없는데…."
깜찍이는 한숨을 쉬었어요. 하지만 참새 똘망이는 배가 많이 고팠기 때문에 용기 냈어요.
"깜찍아, 너는 형만 따라와. 아빠가 우선 나무 열매와 풀씨를 찾아보라고 하셨으니까 공원부터 가자."
산이나 공원에 있는 나무엔 마른 열매가 남아 있어서 훌륭한 먹이가 된다고 했어요. 잠시 후에 똘망이는 동생을 데리고 둥지로 돌아왔어요.
"엄마 아빠가 일러준 대로 먹이를 찾아서 조금은 먹었는데 며칠 전에 눈이 많이 와서 그런지 힘들어요."

"그럼 내일은 논밭에 떨어진 벼 낟알이나 곡식을 찾아보렴. 눈이 덮여 있어도 부리로 파헤치면 남아 있는 곡식을 발견할 수도 있거든."

다음 날은 아빠 말씀대로 숨은 곤충이나 나무껍질 아래에서 겨울을 나는 벌레를 찾아보기로 했어요. 그런데 꼭 지켜야 하는 게 있어요. 참새들은 겨울철에 무리를 지어 다녀야 한대요. 먹이를 찾는 데 도움도 되고, 체온을 유지하는 데도 유리하거든요. 그래서 친구들하고 함께 열심히 먹이를 구하러 다녔어요. 용감한 똘망이, 깜찍이 형제를 보며 엄마 아빠는 참 대견해했어요.

어느 날이에요. 참새 똘망이와 깜찍이는 어느 아파트 베란다에서 쌀알을 발견했어요.

"와! 여기 먹을 게 있어! 멋진 밥상이 차려져 있네. 우리 먹으라고 놔 둔 것 같아."

형제는 반갑게 내려앉아 쌀알을 쪼아 먹었어요.

그날 이후, 매일 아침 베란다에는 한 움큼씩 쌀이 놓여 있었어요. 과일 껍질도 작게 잘라져 있어서 먹기 좋았고요.

베란다 밥상에는 점점 먹이가 많아졌어요. 물론 엄마 참새, 아빠 참새도 함께 갔고 친구들에게도 알려주었어요.

쌀로 작은 밥상을 차려 주는 사람은 바로 창가에 앉아 새들을 지켜보는 할머니였어요. 할머니는 혼자 살고 있었지요. 아이들은 멀리 떠났고, 친구들도 하나둘씩 연락이 뜸해지자 어느새

집 안은 조용해졌어요. 마음 한구석이 텅 빈 듯해서 허전해하던 할머니는 날이 추워지자 창밖을 내다보는 취미가 생겼지요. 여러 종류의 새들이 날아다니는 것만 봐도 좋았어요.

"배불리 잘 먹거라. 난 방안에서도 추운데 너희들은 얼마나 춥겠냐."

어느 날 청소를 마친 할머니가 너무 조용하다 싶은 생각에 문득 창밖을 보니 새들도 밥그릇도 안 보이는 거예요. 아래층을 내려다보니 쌀을 담아주던 접시가 화단으로 떨어져 깨져 있는 게 아니겠어요? 할머니는 괘씸한 생각이 들었지요.

"예쁜 접시에 쌀을 놓아 주었는데 고마운 것도 모르고 밥상을 뒤엎어? 이젠 안 줄 거야."

할머니는 참새들을 안 보려고 덧문을 닫아걸었어요. 밖은 여전히 추웠어요. 잠자리에 누웠지만 할머니는 잠이 오지 않았어요. 시계를 보니 새벽 2시, 밖엔 찬바람이 부는지 바람 소리가 쌩쌩 크게 들렸어요. 할머니는 갑자기 미안한 마음이 들었어요.

'내 소갈머리가 어찌 이리 좁노! 참새들이랑 싸우다니! 우리 집 베란다에 오던 새들이 많이 굶었을 텐데 어쩐다지?'

할머니는 벌떡 일어나 쌀알을 다른 날보다 더 많이 집어 새 접시에 담아 주었어요. 그러자 마음이 편해졌어요.

다음 날 새벽부터 새들이 조잘대는 소리에 할머니는 눈을 떴어요. 멋진 베란다 밥상이라고 지저귀는 것 같았지요. 추운 날이었지만 더 자도 될 것 같아 할머니는 늦은 아침까지 따뜻한 이불 속에서 달콤한 잠을 편히 잤답니다.

성용애

시인, 꽃예술 작가, 문학마을 등단
한국문인협회, 국제펜 한국본부, 현대시인협회,
한국크리스천문학가협회, 기독시인협회,
한국문인협회 낭송위원회, 한국가곡작사가협회에서 활동중
세계기독교 꽃예술연합회 증경이사장
한국예총 화예협의회 특별회원
대한민국화훼산업 발전위원회 위원
한국 꽃예술작가협회 석류회장
엠데코 디자인 대표, 극동방송·광림교회 꽃봉사중
시집/『시와 함께하는 성단 꽃장식』,
『중국에 대한 내 시시한 이야기』,
『창세기 숲에는 시가 산다』,
『한국의 성단 꽃꽂이』(공저) 외 다수
수상/범하문학상, 한국크리스천문학상,
노벨재단그린문학본상 외

겨울밤

네이비색 밤하늘에서
쨍그랑거리며 떨어지는 달 조각들 품속을 파고든다

골목마다 예리한 칼날 들고서 막아서는 바람
긴 줄을 그으며 달려가
간신히 매달려 있던 나뭇잎 몇 개마저 몰고 가버린다

유리창 안에서는 뜨거운 컵에
마주보는 눈빛을 가득 담아 마시는 사람들
긴 밤을 나누고 있다

눈을 감으면
어디선가 들려오는 겨울 알려오는 맑은 종소리

별빛 한 자락씩 둘러쓰고 서서
반짝반짝 웃는 빌딩들
하늘의 별들도 반짝거리며 은밀한 미소 보내온다

그러고는 서서히 떨어져 날리는
하늘조각들
온 세상은 흰 동굴 꿈의 나라로 빠져들었다

달빛이 가르쳐준 꽃의 노래

깊은 밤
달빛에 젖은 꽃들의 노래를 들어보신 적 있나요

꿈길을 걷고 있는 바람에게
왕후의 대례복 앞섶에 수놓인 모란꽃 한 송이
천천히 걸어와 말을 걸었다는데

촉촉이 이슬 머금은 꽃송이는
부드러운 옷깃 늘여 달을 안아 올리고
꽃잎마다 푸른 곡옥 한 덩이씩 꿰어 달아
향기로 승천했다던가?

그리하여
달 뜨는 밤이면 가만가만 내려와
꽃을 꽂으며
달빛이 가르쳐준 노래를 불렀다는데

자욱한 안개꽃 틈으로 뽑아 올린 동백 가지 그늘에는
노을나라에서 날아온 극락조들
밤이 새도록 달빛이 가르쳐준 노래를
부른다던데

가을음악의 늪

막이열렸다귀를여는순간꽃잎들은하얀꽃눈으로몰아쳤다흔드는지휘봉끝에서끝없이코스모스지는소리흩어지고쓰르라미노래틈새로푸른나비의날개가반짝거린다통나무의자털며바람이가을을날려보내고투명한얼굴로다가온강물의윤슬에서는별들이출렁거렸다비틀거리는바람은갈대밭속에서꼬리를물고검은하늘속으로사라져간다한꺼번에밀려와뱅뱅돌다가풀잎베개위에누워스르르잠이드는낙엽들혼을흔들며지나가는열매의향내달콤한육질은근사했지밤이슬이꽃숲에서달빛을걸쳐입고앉아서늘한웃음을쏟아내고있을때섬세한모습들이고막깊은곳곳에밀려들어와깊은음색드러내며숨어있는불꽃들의건배받아마시고뼈마디속으로깊이기어들것이니까소리의현들을비비는손가락들의역동적인주행은허공을달려가는미지의세계이거니와그로인해내혼은가을지나가는바람의뒤에줄을서서깊은희열의숨을고르고있는것이니까

밤에만 흐르는 강

갈대꽃 핀 양수리 카페에 하얗게 밤이 내렸다
온종일 산 위에서 술렁거리던 안개가 내려와
강의 얼굴을 덮고 사방으로 번져 풀꽃들을 더듬고 있다
아홉시를 알리는 화면이 먼 나라 전쟁을 알린다
포화 속에 울부짖는 아이들의
겁먹은 얼굴 위로 붉은 꽃들이 낭자하게 피어나고 있다
절규하는 얼굴들이 창문을 부수고 뛰어든다
뿌옇게 가려지는 시야
탁자 위 커피의 하트가 파르르 떨린다
순간
화면이 바뀌고 전쟁 소식은
언제 그런 일 있었느냐는 듯 행복한 얼굴들이 깔깔대고 있다
그럴 것이다
바람 한바탕 혼을 흔들고 가면 꽃숲에 기어든 안개는
슬며시 사라져 갈 것이고
지쳐 비틀거리는 바람은 까만 씨앗 터트리는 소식이나 올리다 말 것이다
강가에는 밤에만 흐르는 뿌우연 강이 있고
강물은 빙무氷霧 속에 숨어 홀로
눈물의 꽃을 피운다는 것을 처음 알았다

여름의 주소

한꺼번에 밀려온 꽃들의 함성으로 아찔한 순간
봄을 놓쳐버렸어
화분 날리는 뽀얀 꽃구름을 바람이 거대한 부채를 휘둘러
날려버렸으니까
꽃뱀들 모여 피워낸 숲속의 하얀 찔레장미 사이로
따가운 여름은 밀려 들어오고
나비들은 부지런히 꽃들의 씨방 안에 젊음을 부화시켰지
쏟아지는 햇볕 배부르게 마시고 주홍색 살구들은
푸른 잎사귀 속에 숨어 있다가 튀어나오고
바글거리는 새들의 웃음소리
밤꽃 향내 진동하는 틈새로 기어들어온 열기
온몸을 찌르기 시작했어
천천히 또는
아주 빠르게 여름이 번져가고 있었어
소공동 분수는 벌써 한여름 더위를 뿜어내고
반포대교는 현란한 밤 무지개 속에서
땀을 뻘뻘 흘리고

놓쳐버린 시간에 대한 변명

나의 하루는
바들바들 떨며 징검다리를 건너가는 시곗바늘 확인부터 시작된다

기지개의 나른한 방종이 때로는
제한된 근력이 온몸을 쑤시는 이유를 제시하기도 하지만

고양이가 긴 하품으로
햇살 줄기들 잡았다 놓았다 하는 공연은
나를 무아의 깊은 동굴로 빠져들게 해

휴식의 의미도 공식도 잊고 비밀히 달리기만 하는 초침의
원성을 사는
빌미를 던져 주게 되지

때로는 고무줄에 대한 넉넉한 오해를 끌어내는 편견을
공론의 분열로 치닫게 해
시곗바늘들 하나로 모아지는 곡예로 막을 내리게 되기도

여유에 대한 인수분해의 오답의 결론은
언제나 벗어놓은 수북한 허물들로 인해
기억하는 모든 것들이 한꺼번에 몰려오는 불협화음을
가져오게 하여
거울 속에 낯선 얼굴 자글거리는 실금들이 늘어나게만 하지

그리하여
철없는 몽상가의 나직한 독백으로 전락한
나의 금빛 휴식은
또 한 번 놓쳐버린 시간에 대한 변명을 만들어내고

노을바다

바다가 해를 삼키고 말이 없다

이글거리는 해를 꿀꺽 삼키고 시침을 떼는 바다

노을빛
능소화 한 송이 바위 위에 앉아 바다를 보고 있다

친한 친구가 갔다는 문자가 떴다

바다가 타고 있다
황혼이 쏟아내는 핏빛 바람
하늘이 해변이 불에 타고 있다 활활 타고 있다

꽃처럼 곱게 살다가 갔다고
울지도 않으며 전해주는 친구

윤슬 파들거리는 바다 속으로 해가 잠기고 있다

마침내
길게 누워 휴식하고 있는 바다

보랏빛 하늘이 내려와 별을 뿌려주고 있다

친구는 눈빛이 총총했었다

안개바다

동검도 가는 길에 안개를 만났다
더듬거리며 깜박이를 따라가는 온몸 촉각이 날이 선다
흔들리는 섬이 멈칫거리며 우리를 선착장 곁에 토해 놓았다

거대한 이불을 덮은 채 누워 있는 신기루
한때는 먼 세계를 향해 바쁘게 들락거렸을 긴 선착장
그 옆으로 말뚝에 묶여 있는 고깃배가 선명하게 드러난다

닳아진 몸에서는 젊은 날 힘깨나 썼을 골격이 불뚝거리고
소금꽃 피어난 유리창 안에서는 물고기들 팔딱거리는
숨소리가 새어 나온다

바다 떠나간 갯벌에 오도카니 앉아
찰랑거리는 푸른 물결 꿈을 꾸는 늙은 어부의 날숨이다

안개 밀어내며 들어서는 갑판 아래로 거미처럼 작은 까만 게들이
깜짝 놀라 와르르 흩어진다
빈 배를 지키고 선 검은 부대

속내 드러내지 않고 고요만 채우고 있는
자욱한 바다에 볕이 내리고 낮이 풀어지고 있다

망초는 추억을 찾아간다

풀밭에 앉아 햇살 한 묶음 끌어안고
면사포 자락 길게 늘여 날리는 너를 본다

기억 속에 절여둔 이야기 살짝 꺼내어 본 돋보기
흰 도화지 위 하얀 물감 범벅이 된 채
음표들 손잡고 춤을 추는 구름 그 아래로
하얀 바다가 아른거린다

바람 한아름 날아와 촉촉하게 뒹굴고 있는
너의 체취
얼룩진 일기장 속에 젖은 채 잠들어 있을
추억은 항상
반 토막 난 하현달만큼이나 사정없이 달아나 버리지

풀어도 풀어도 끝이 없는 실꾸리
그 저쪽 너머엔 타다 만 심장 한 조각쯤이나 남아 있을까

별들 쏟아져 흔들리는 하얀 바다
그 고소한 향기에 코를 박은 채 나는
떠나버린 그날을 찾아 꿈속을 더듬는다

빛을 꽂다

그대 가슴엔 색색의 빛들로 가득차 있어
꽃을 꽂을 때마다
찰랑이는 별이 쏟아져 흐르네

푸른 잎사귀 위에 갖가지 소망들 한아름 피워내어
무릎 꿇고 엎드려
절제와 겸손으로 공간을 채워가지

때로는 잘라내는 아픔으로
때로는 시원하게 비워두는 여백으로
자르고 다듬어 깊고 그윽하고 정결한
아름다움 건져내지

죽어야만 사는
버려야만 얻을 수 있는 철칙을 확인해가며
맑은 피 뚝뚝 떨어지는 물속 가시 발판 위
혼과 영의 심지 지그시 눌러 담아

영원으로 거듭난 꽃을 피우는 그대
빛을 꽂는 귀하고 귀한 손길이여

동작대교의 십자가

강변북로 길가 종탑 끝에
십자가 하나 말없이 강을 내려다보고 서 있다

주일이면
거룩한 양식 배불리 먹은 양떼들은
그릇마다 간절한 아멘들을 담고 거리로 쏟아져 나온다

아스라이 올라가 거나하게 웃는 바벨의 탑들이
일제히 일어나 따라나선다

흔들거리는 지구
거칠고 험한 광야길에서 피 흘리며 싸우다 지친
양떼들의 신음소리 그득하다

황혼녘 동작대교 아래로 흐르는 강물은 뻘겋다

부딪치고 깨지고 상처 난 마음들 무수히 강물로 뛰어들어
넘실거리며 흐르기 때문이다

그리하여
종탑 끝에 홀로 선 십자가는 강물에 온몸을 담가
날마다 피의 눈물 흘리고 있다

도그우드 DogWood

푸른 숲속 하얗게 핀 그대 모습 눈이 부셔라

넉 장의 꽃잎 십자가에 꽃술 왕관 받쳐 쓰고
선명한 핏자국 아프게
아프게 맺혔구나

만개한 꽃송이 층층이 쌓아 올린 겸손
어쩌다 부끄러운 개나무가 되었는가

청아한 하늘 우러러 환하게 웃는 흰 얼굴들
어찌 아픔의 전설로 말할 수 있으리

초록빛 물감 흰 옷에 묻을까 눈을 감으면
빛보다 환한 정결함으로 다가오는
평화여
평화여

곧고 강한 심지 바르고 단단한 심성
거기 바위산 언덕에서 온몸 줄줄이 흐르는 피
지켜본 그 일 그 후

때 묻은 혼 억만번 씻어내어
세상 밝히는 빛이 되었으려니

본 대로 오시는 그분 승천하시며
기억하라 남기신 그늘 밝히는 흰 옷자락

온 전신 향기 뿜어 기쁨으로 올리는
그대 도그우드
아름다운 꽃이여
아름다운 꽃이여

*도그우드(산딸나무):층층나무과 쌍떡잎식물.
　　　　　　전설에 예수님 십자가의 나무로 쓰여졌다고 함.

성전을 장식하며

가을 아침
님의 전에
보듬어온 정결한 마음 한 다발 올립니다

갈포지 속에 빼곡히 안겨 있던
화살나무 고운 잎
작은 얼굴 국화들이
와르르 환호하며 십자가를 바라봅니다

한 가지
한 가지

비로소 털어놓은
속내

펑펑 쏟아놓는 색깔들의 이야기를
사그락거리는 고요로
귀기울이시는
님

마가목 빨갛게 맺힌 열매들이
거북손 등으로
뚝뚝 떨어집니다

가을 가는 길목

저녁 무렵
마가목 그림자 곁에 앉은 나는
단풍든 잎에 뚫린 작은 구멍을 들여다보며
따끈한 햇살을 우려 마시고 있다

나무 그림자로 밀려온 바람은 온몸 흔들어
허물을 벗어놓고
지붕 끝에 서성거리는 노을을 천천히 밀어내고 있다

농염한 열매들 끌어안고 한 잎씩 옷을 벗어가며
비틀거리는 몸을 가누고 있는 감나무
당당하던 몸통은 땡볕과 폭우 속을 지나오며
거칠게 터져
자글거리는 주름들만 까맣게 남아 있다

상강 지나 찬서리 다녀간 잎새
구멍 속 드나들며 비명 지르는 바람

촘촘히 그어진 잎맥 사이에서 새어 나오는
쉰 목소리 까치들은
애꿎은 벌레소리만 찾아 쪼아대고 있다

가평 가는 길

멈칫거리는 낯선 길이 샛노란 애기똥풀들 환호성에
환하게 불이 켜지며 안내판이 드러났다 25번국도

푸른 칡 뒤집어쓴 산이 천천히 다가오며
구불거리는 좁은 길 벌어진 골짜기 속으로 빨려 들어간다

운무 풀어지는 산 말랭이
비틀거리며 넘어오는 명지바람 퍼런 서슬에
멍하니 졸고 있던 바위가 깜짝 놀라 길을 비켜 앉는다

아스라이 보이는 바람 끝에는 까만장어빛 북한강
구불구불 산과 산 틈새를 비집고 기어가다가
덩치 큰 산더미에 머리를 숨기고 있다

늙은 소나무 사이로 스쳐가는 고라니 궁둥이가
가슴을 쿵 친다

초록 비가 내리는 숲속
에릭 마티베 마를렌 노르망드
아이들의 노래가 울려 퍼지는 낙원이 거기 있었다

이영규

『아동문학세상』 동화, 『쉴만한물가』 시 등단
동화집 『도토리를 돌려줘요』
교육동화 『엄마는 우리말 달인』
한국어린이문화예술상, 아름다운글문학상 수상
한국문인협회, 한국크리스천문학가협회,
한국아동청소년문학협회, 풀꽃아동문학회,
푸른초장문학회, 한국장로문인협회 회원
도서출판 그린아이 대표

그런 줄만 알았네

아프냐 물으면
안 아프다 하기에
그런 줄만 알았네

배고프냐 물으면
되레 배부르다기에
그런 줄만 알았네

추우냐 물으니
춥긴커녕 따뜻하다기에
그런 줄만 알았네

엄마가 그러시더니
아내도 그러하네.

바람의 길

그 바람이
어디서 불어왔는지
묻지를 마라
어디로 불어갈 건지
따지지도 마라

오면 오는 대로
가면 가는 대로
그 모습 그대로
내버려두어라

바람의 길은
스스로 만들고
스스로 오가다가
스스로 쉬기도 하련만

다만
아무 탈 없이
그냥 스쳐 지나가는
바람이길 바랄 뿐.

물 흐르듯이

가다가 또 가다가 부딪혀 막히면
아무렇지도 않은 듯
돌아서 가리라
그리고 또 가다가 가로막히면
그냥 그대로
돌아서 가리라

꽃잎, 낙엽
설사 쓰레기일지라도
함께 가자고 떠 오면
못 이긴 척 끌어안고
함께 가리라

한데 어우러지고 섞이고
모양 따라 동화되며
흐르고 흘러가다가
언젠가 멈춰서게 되면
그냥 그대로 머물 수밖에.

마음으로 보는 세상

세상을 보는 것이 어디 눈뿐이랴
코로 맡아 보고
입으로 말해 보고
귀로 들어 보고
머리로 생각해 보고
아예 마음으로 느껴 본다

비록 눈으론 볼 수 없을지라도
마음속 깊이 느껴 보는
그 향기 그 모습이
차라리 보기 좋아라

눈으로 보는 세상보다
더욱 아름답고 찬란한
마음으로 보는 세상.

이영규

해바라기

작고 가녀린 친구들
새벽이슬 맞을까 봐
밤새 고개 숙여 감싸고 있다

저 혼자 찬이슬에
흠뻑 젖어가지만
따뜻한 미소는 입가에 한가득.

채송화

크다고 높다고
앞다퉈 자랑하느니

보일 듯 말 듯
낮게 더 낮게

섬기며 받들며
있는 듯 없는 듯
묵묵히 살아가리.

이영규

거기 길이 있었네

몰랐네
정말 몰랐네
거기 길이 있는 줄을

제법 아는 줄 알았는데
정말 몰랐네
모르는 게 너무 많다는 사실을

경솔히 나서지 말고
그의 인도하심 따르면
진리의 길이 거기 있는 줄을

이젠 더 이상 헤매지 말자
우왕좌왕하지도 말자
좌고우면하지도 말자
오직 그와 동행하면
영원한 생명의 길이 거기 있나니.

바로 그날, 그곳, 그들
-부여문학기행

높푸른 하늘 아래
초여름 더위 물렀거라
바람 불어와 더 좋은 날

650년 굴곡진 세월 부여안고
그토록 순박한 백제인들이
오롯이 되살아 숨쉬는 부여

푸른초장 양 떼들이 모여들어
이리 기웃 저리 기웃 노니는
바로 그날, 그곳, 그들

하나님 보시기에 참 좋았더라.

아빠 딸

네가 세상에 태어나
세월 따라 쑥쑥 자라
키도 크고 몸도 크고
마음도 커져서

10대가 되고
20대, 30대가 되어도
아니, 결혼하여 가정을 꾸리고
네 슬하에 너 같은 딸이 태어날지라도

너는
이 세상에
아빠 딸로 태어난 그 순간부터
영원히 소중한 아빠 딸이란다.

꽃들도 하나 되어

"자아, 조심해서 옮겨요. 꽃이 꺾이지 않게."
꽃을 사러 온 아주머니가 마음이 안 놓인다는 듯 꽃집 주인에게 주의를 주었어요.
"이파리가 떨어지거나 가지가 꺾여서도 안 돼요."
"걱정하지 마세요. 어디 한두 번 해 본 일인가요."
꽃집 주인 아주머니는 사람 좋은 미소를 지으며 대답했어요.
오늘은 꽃집인 '꽃드리'에서 사는 친구들이 이사 가는 날이에요. 나리는 결혼식장으로, 장미는 출판기념회장으로, 백합은 개업식 행사장으로 간답니다.
일단 꽃드리에 오면 눈에 보이지 않는 경쟁을 치르게 되지요. 꽃의 생명은 뭐니뭐니해도 아름다움에 있으니까요. 서로 예쁜 모습을 뽐내어 손님에게 선택받는 것이 꽃들로서는 큰 자랑이요 자존심이거든요.
"국지 너는 어디로 가니?"
달리아가 약간 부러워하는 표정으로 물었어요. 국지는 그저께 꽃드리로 이사 온 국화의 이름이에요.
어저께 누군가 와서 국화를 사 가겠다고 예약하는 것 같았거든요.
"응, 원일교회로 가게 되었어."

이영규 129

"원일교회? 시청 후문 쪽에 있는 큰 교회 말이지?"

달리아가 흥분한 듯 목소리를 약간 높여 말했어요.

"맞아. 그때 오셨던 아주머니가 그 교회 권사님이시래. 그분이 나를 데려가겠다고 하셨어."

"넌 좋겠다, 얘. 원일교회의 3천 명이나 되는 성도들이 네 모습을 보게 되는 거잖아."

달리아는 아예 부러워하는 표정을 드러내며 말했어요.

"그렇긴 하지만…."

국지는 웬일인지 힘없이 말끝을 흐렸어요. 솔직히 말해서 국지는 많은 사람들 앞에 서는 것이 자신 없었어요. 스스로 빼어나게 잘생겼다고 생각해 본 적이 한 번도 없었거든요.

교회로 가는 꽃들은 대부분 성단을 장식하는 꽃꽂이에 사용되지요. 성단 꽃꽂이는 아무래도 예쁜 친구들이 눈에 잘 띄는 자리에 꽂히게 된대요. 아주 못생겼다 싶으면 아예 잘라져 쓰레기더미 속에 묻혀 버리고 만답니다.

국지는 곱게 다듬어져 성단을 장식하는 데 쓰임 받기를 원했어요. 그래서 꽃드리로 이사 온 뒤부터 날마다 기도를 드렸어요.

토요일 오후, 국지는 장미, 안개꽃, 튤립, 백합 등과 함께 교회로 이동되었어요.

권사님이 여집사님과 함께 성단 꽃꽂이를 하기 시작했어요. 전정 가위(꽃꽂이용 가위)를 사용하여 긴 줄기를 꽃꽂이하기에 알맞은 크기로 싹둑싹둑 잘라냈지요.

"오늘은 예쁜 꽃들이 많아서 꽃꽂이하기가 아주 좋네요."

권사님이 꽃꽂이를 거드는 여집사님에게 말했어요.

"네, 권사님께서 꽃을 아주 잘 고르신 것 같아요."

"그런가요? 꽃꽂이를 오래 하다 보니 꽃을 고르는 안목도 높아졌나 봐요. 호호호!"

권사님이 기분 좋은 듯 소리내어 웃었어요.

'그 예쁜 꽃들에 나도 포함되는 걸까?'

국지는 가슴이 콩닥콩닥 뛰었어요.

국지의 조마조마한 심정은 아랑곳없이 두 사람은 유쾌하게 대화를 나누며 꽃꽂이를 계속해 나갔어요.

'아야야! 왜 나를 쳐내는 거야!'

'아파요. 제발 내 가지를 자르지 말아요.'

'나를 그냥 내버려두란 말예요. 잉잉.'

많은 꽃들이 비명에 가까운 소리를 질러 댔어요.

그런가 하면 안도의 한숨을 내쉬는 친구도 있었어요.

'어휴, 난 살았다.'

'나도! 하나도 안 잘렸어.'

하지만 이런 소리들은 권사님의 귀에 전혀 들리지 않았어요.

성단 꽃꽂이의 꽃으로 선택된 친구들은 신이 났지요.

'역시! 난 제일 먼저 뽑힐 줄 알았다니까. 자, 그럼 내 자리는 어디일까?'

백합이 하얀 꽃잎을 살짝 열어 제단을 바라보았어요.

'히히히! 맨 앞자리는 바로 나라고!'

튤립도 노란 꽃잎을 활짝 펼치며 한껏 뽐냈어요.

한바탕 정리가 되자, 권사님은 하나둘씩 꽃의 자리를 정해 나갔어요. 모양도 예쁘고 색깔도 곱고 향기도 좋은 친구들이 앞쪽을 차지했어요. 다음으로는 키 큰 친구들의 자리가 만들어졌지요. 그때마다 권사님의 손길이 바쁘게 움직였어요.

'아아! 나는 어떻게 되려나?'

데이지가 몸을 배배꼬며 탄식했어요. 일단 선택받아서 친구들과 함께 오긴 했지만, 이번 꽃꽂이에 쓰임 받을지는 알 수 없었거든요.

한편 안개꽃들도 무더기로 몸을 거칠게 흔들며 외쳐 댔어요.

'우리는요? 권사님, 우린 꼭 쓰실 거죠?'

그 소리를 알아듣기라도 한 듯 권사님이 빙그레 웃으며 안개꽃 무더기를 바라보았어요. 안개꽃들은 선택을 받으려고 저마다 얼굴을 쑥쑥 내밀었어요.

'저요, 저부터요!'

마치 선생님이 낸 문제를 서로 풀겠다면서 손을 들며 소리치는 아이들 같았답니다.

이때 장미가 투덜거렸어요.

'이 뾰족한 가시를 좀 더 잘라 줬으면…. 얘가 자꾸 친구들을 괴롭히잖아.'

없어도 좋을 가시 하나가 툭 삐져 나와 친구들을 찌르고 있었기 때문이에요.

이런 장미의 말을 알아듣기라도 한 듯 권사님은 가위를 들고

다가와 밉살스럽게 튀어 나온 장미의 가시를 여지없이 잘라내 버렸어요.

'어휴, 시원해! 권사님, 감사합니다.'

장미는 저도 모르게 권사님을 향해 꾸벅 절을 했어요.

시간이 흐르면서 꽃꽂이는 차츰 완성되어 갔어요. 삐죽삐죽 삐져 나온 곁가지들이 톡톡 잘려 나가자 꽃들의 모임은 한결 정리가 되었지요. 이제 더 이상 불평하거나 부탁하는 꽃들은 없었어요. 모든 것을 권사님의 판단에 맡길 뿐이었지요.

"자, 어때? 이젠 다 된 것 같지?"

"네, 아주 훌륭해요. 역시 권사님의 솜씨는 최고라니까요."

"호호, 그렇게 찬사를 할 것까지야…."

권사님은 쑥스러운 듯 웃음으로 얼버무렸어요.

그때까지 국지는 꽃꽂이에 끼지 못하고 있었어요.

'아, 나는 이대로 버려지는 걸까?'

국지는 두렵고 떨리는 마음으로 힘없이 중얼거렸어요.

바로 그때 여집사님이 국지를 집어들었어요. 국지는 깜짝 놀라 자신도 모르게 숨을 꾹 참았어요. 간이 콩알만하게 오그라드는 것 같았지요.

"아참, 권사님! 이 국화는 어떻게 할까요? 그냥 버릴까요?"

국지는 가슴이 철렁 내려앉았어요. 털썩 주저앉아 엉엉 소리 내어 울고 싶었지요.

'싫어요, 싫어요! 제발 나를 버리지 말아요!'

국지는 큰 소리로 외쳤어요.

하지만 권사님은 그 소리를 듣지 못했어요. 당연하죠. 그것은 꽃의 소리였으니까요.

"아니, 그 꽃 이리 줘 봐요."

버려지기 직전의 아슬아슬한 순간, 권사님은 여집사님으로부터 국지를 건네받았어요.

"이 국화를 한가운데에 꽂으면 아주 근사하겠는걸."

국지의 모습을 요모조모 살펴본 권사님은 국지를 꽃꽂이의 한가운데에 살며시 꽂아 주었어요.

'아아! 감사합니다. 정말정말 감사합니다.'

국지는 뛸 듯이 기뻤어요. 하마터면 쓰레기통에 버려질 뻔한 위기에서 벗어났으니까요. 게다가 당당하게 성단 꽃꽂이의 한가운데를 장식하게 되었잖아요.

'만세! 만만세!!'

국지는 감격에 겨워 목이 터져라 외쳤어요.

권사님과 여집사님은 아름답게 완성된 꽃꽂이를 흡족한 표정으로 바라보았답니다.

드디어 주일 아침이 되었어요.

수많은 사람들이 예배를 드리기 위해 교회당으로 모여들었어요. 그리고 국지가 의젓한 모습으로 꽂혀 있는 꽃꽂이를 바라보며 자리에 앉았어요.

예배 순서에 따라 찬양대원들의 합창이 시작되었어요.

국지는 슬며시 입을 열어 찬양을 따라하기 시작했어요.

비단 국지뿐만이 아니었어요. 성단 꽃꽂이에 쓰임 받은 꽃들은 하나둘씩 입을 열어 합창을 따라했어요. 백합도 장미도, 튤립, 심지어 안개꽃까지도 힘차게 소리 높여 합창을 했지요.

시온의 영광이 빛나는 아침
어둡던 이 땅이 밝아오네
슬픔과 애통이 기쁨이 되니
시온의 영광이 비쳐오네

국지는 여성의 높은 소리인 소프라노가 되고, 장미는 낮은 소리인 알토가 되었어요. 백합은 남성의 높은 소리인 테너가 되고, 남성의 굵고 낮은 소리는 튤립이 맡았지요.
 멋지게 화음을 이루어 낸 꽃들의 아름다운 합창은, 찬양대의 합창과 하나가 되어 교회당 밖으로 멀리멀리 퍼져 나갔답니다.

서로서로 미안미안

"오빠, 천천히 좀 가!"
"싫어. 네가 빨리빨리 따라오면 되잖아."
준우와 동생 준희가 아파트 근처에 있는 체육 놀이 공원으로 놀러 가고 있어요. 요즘 체육 놀이 공원에는 탈것도 많고, 재미있는 운동 기구도 여러 가지가 있지요.
체육 놀이 공원에 도착한 준우의 눈에 제일 먼저 기다란 철봉이 띄었어요. 철봉을 유심히 바라보던 준우는 준희에게 넌지시 말을 건넸어요.
"준희야, 너 이 철봉에 거꾸로 매달릴 수 있어?"
준우의 말에 준희는 자신의 키보다 높은 철봉을 힐끗 올려다보았어요. 다섯 살짜리 꼬마 준희로서는 철봉을 붙잡는 것조차 쉽지 않을 듯했어요.
하지만 평소 누구에게도 지기 싫어하는 우기기 대장 준희는 목소리에 잔뜩 힘을 주어 대답했어요.
"물론이지. 그까짓 거 내가 못할 줄 알고?"
준희는 철봉 밑에 서서 작은 발을 구르며 폴짝폴짝 뛰었어요. 하지만 거꾸로 매달리기는커녕 철봉을 잡는 것조차 힘겨워 보였지요.
준희는 철봉을 잡으려고 낑낑거리기만 했어요.

'음, 역시 안 될 것 같군.'

준우는 속으로 중얼거렸어요.

준우는 초등학교 2학년으로 준희보다 키가 훨씬 컸어요. 하지만 겁 많고 신중한 성격의 준우는, 먼저 나서기가 망설여지는 일은 동생 준희에게 일단 시켜 보는 나쁜 버릇이 있었어요.

이번에는 팔심을 기르는 운동 기구가 있는 곳으로 갔어요.

"준희야, 너 이거 잡아당길 수 있어?"

준우가 준희에게 운동 기구를 가리키며 물었어요.

"당연하지. 이쯤이야 어렵지 않다고."

하지만 이번에도 준희는 조그만 손으로 운동 기구를 잡은 채 낑낑거리기만 했어요. 양손에 잔뜩 힘을 주고 잡아당겨 보았지만 운동 기구는 꿈쩍도 하지 않았지요.

'음, 역시 나에게도 무리겠어.'

준우는 준희의 힘들어하는 모습을 보고는 스스로 해 보지도 않고 포기해 버렸어요.

그 후부터 두 아이는 마음에 드는 작은 기구들을 가지고 각자 재미있게 놀았어요.

잠시 후, 준희가 준우를 향해 터덜터덜 걸어오더니 작은 목소리로 속삭였어요.

"오빠, 나 너무 피곤해. 업어 줘."

아닌 게 아니라 준희는 몹시 힘들어 보였어요.

준우는 아까 준희에게 무리한 부탁을 했던 것이 미안했는지 얼른 준희를 업어 주었어요.

준우는 준희를 업고 집으로 향했어요.

그런데 잠시 후, 준희가 "오빠, 나 졸려." 하며 중얼거리더니 이내 잠이 들어버렸어요.

그리고 얼마 가지 않아 준우는 등짝이 따뜻해지는 것을 느꼈어요. 곧이어 준희를 받치고 있던 양손이 스르르 젖어들었지요. 준우가 시키는 대로 이것저것 해 보던 준희가 몹시 힘들었나 봐요. 준우 등에 업힌 채로 그만 실례를 하고 말았지 뭐예요.

하지만 준우는 화가 나기보다는 오히려 미안한 생각이 들었어요.

준우는 살며시 고개를 돌려 등에 업힌 준희를 보았어요. 순간 살그머니 눈을 뜬 준희와 눈이 마주쳤지요. 부끄러운지 준희의 양볼은 발그레 물들어 있었어요. 준희의 눈은, '오빠, 실례해서 미안해.'라고 말하는 것 같았어요.

그런 준희를 보는 준우의 눈은 이렇게 말하고 있었지요.

'아니야. 내가 너무 심했어. 준희야, 어려운 것을 하라고 시켜서 미안해.'

해님이 빙그레 미소를 지으며 서로서로 미안해하는 남매를 밝고 따사로운 햇살로 부드럽게 어루만져 주었답니다.

전 종 문

『문예비전』시 등단
『수필과 비평』,『창조문예』수필 등단
시집『한 해를 산다는 것은』등
수필집『긴 여행길에서 잠시 숨을 고르며』,
『오래오래 살게나』,『사람 냄새』등
아름다운문학상, 총신문학상 수상
총신문학회 회장, 한국크리스천문학가협회 회장 역임
한국문인협회 회원, 숨문학작가회 회장
수유중앙교회 원로목사

그리운 날

그리운 날에는 바람이 불어야 한다
한 움큼 그리움 주머니에 넣어두고
만지작, 만지작거리며 걸으면
손가락으로 만져지는 바람소리
달콤하진 않아도
이제 그 맛이 쓰리지 않으니
얼마나 우려먹은 곰국인가
허기질 때마다 만지작거렸던 바람소리
나뭇잎 나부끼어 바람 일으키고
바람은 불어
성성한 머리카락 흐트려놓는데
나 언제나 네게서 헤어날 수 있으리
이제는 오히려 내가 붙들 수밖에 없는
주머니 속의 그리움
오늘도 아쉬워 놓지 못하고
만지작, 만지작거리며
허허로운 인생을 배회하고 있다

이른봄으로 가자

고달프다, 불현듯 생각되면
이른봄으로 가자
무거운 몸 일으키고

얼마나 여린가
얼마나 은근한가
새싹은 언 땅을 뚫고
싸늘한 바람, 그 속에 숨은 온기
봉긋한 잎눈을 마른가지에 틔운다

아직도 추운가
아직도 캄캄한가
움츠린 몸 일으키고
이른봄으로 가자

정월

초하룻날, 정월엔 일찍 일어나자
산에 오르든지, 바다로 가든지
일어나 빛이 오는 쪽을 향하여 서자

떠오르는 태양은 어제의 것이 아니다
더 크고, 더 장엄하리니
어둠을 사르며 비쳐오는 그 빛에
마음을 적시자

바람이 불면 연鳶을 날렸지
높이, 높이
무한한 저 창공에
소망을 날렸지

정월은 출발선에서
새롭게 시작하는 달

마주잡은 손이 따뜻하다는 건
사랑이 꿈틀대고 있다는 뜻
우리 같이 가자, 저 소망의 나라로
정월은 같이 시작하는 달

살 만한 세상

밤하늘의 별, 그 별무리를 자주 올려다본다면
꿈이 있기 때문이다

바다, 그 망망한 바다를 그리움으로 바라볼 수 있다면
세상을 품을 만한 사랑이 있기 때문이다

들녘의 야생화, 그 야생화의 향기를 탐낼 수 있다면
고운 마음이 있기 때문이다

새벽, 그 새벽의 산새 소리가 청량하게 들린다면
평안하기 때문이다

둘러보면 세상은
살 만한 세상
언제든지 주워 담을 수 있는
널브러져 있는 행복

당신

생각해 보면
싫어도 싫다고 못하면서 살아온 경우도 많았어
남들 앞에선

그래도 당신 앞에선
싫은 걸 싫다고 말할 수 있었지
당신이 싫어해도

생각해 보면
좋은 걸 좋다고 말하는 게 어렵지 않았어
여러 사람 앞에선

그런데 당신 앞에선
좋은 걸 좋다고 못할 때가 많았지
당신이 좋아해도

우리는 어떻게 인생을 말하는가

하늘에서는 구름이
강물은 땅에 흐르면서
자기들과 상관없는 인생을 말하는데

꽃은 피었다 지면서
끼었다 스러지면서 안개는
자기들과 상관없는 인생을 노래하는데

정작 우리는 내 인생을 살면서
어떻게 말하는가
무엇을 보여주고 있는가

그런 세상에서

내가 침묵하고 있는 날
그날은 내게 할말이 없어서인가
아니요
참고 견디는 것이라오

할말이 너무 많아서
내가 떠벌리는 날
그날은 내게 할말이 많아서인가
아니요
그냥 허풍을 떠는 것이라오

할말이 너무 없어서
진지하게 말을 주고받을 사람이 없다면
때로는 침묵으로
때로는 허풍으로
마음 달래가며 살 수밖에 없다오

말 좀 아껴라 하면 더 할말이 많고
말 좀 해봐라 하면 더 할말이 없는
그런 세상에서

믿을 수 없는 마음

마음을 믿지 말자
내 마음
청명한 날에 왜 기뻐하는가
비가 내리면 왜 우울해하는가
날씨 따라 변하는 마음이라면
상황 따라서는 얼마나 잘 변할까
믿을 수 없는 내 마음

마음을 탓하지 말자
남의 마음
꽃 피는 날엔 왜 즐거워하는가
낙엽이 지면 왜 쓸쓸해하는가
계절 따라 변하는 마음이라면
이해 따라서는 얼마나 잘 변할까
변덕스러운 마음들

야생화

깊은 산속에 홀로 핀 너는 야생화
누구를 위하여 피었는가
누구를 위한 향기인가
아무도 봐주지 않는데

은자여
이 서늘한 날에
네 마음 모아서 꽃피우고
네 몸 쥐어짜서 내는 향기
누가 알아차리겠는가

속세여
가소롭게 여기지 말라
온 세상 맑히고자 하는
다부진 그 마음을
온 세상 밝히고자 하는
그 깊은 뜻을

회초리

바지 걷어올리지 않아도
종아리가 하얗게 드러나는
지금은 노출의 시대

회초리가 생각난다
버릇없다고 예쁜 자식
매 한 대 더 주던 시절엔
미운 자식 버릇없다고
밥 한 그릇 더 주었다

낮에 회초리 맞고
새근새근 잠든 밤에
종아리 어루만지며 눈물을 참던
어머니 마음이 그립다

허벅지까지 드러내는 것은
매 맞을 일이 더 많아졌다는 뜻인가
매 맞을 부위가 더 넓어졌다는 뜻인가

매는 없어져야 한다고 큰소리치는 세태에도
사랑이란 무엇인가
나는 아버지의 회초리가 그립다

아직은 웃을 때가 아니다

기쁘다고 웃는 이여
그대 기쁜가
나무들을 보라
묵묵히 서 있기만 하다가
가끔씩 바람이 불면 잎사귀만 나부끼는

슬프다고 우는 이여
그대 슬픈가
강물을 보라
묵묵히 흘러만 가다가
가끔씩 바람이 불면 출렁이기만 하는

외롭다고 말하는 이여
그대는 정말 외로운가
찬서리, 비바람 맞으며
홀로 긴긴 밤 새우는
저 바위를 보라

자신을 돌아보며
세상을 바라보며
조금 더 슬퍼야 한다
조금 더 외로워야 한다

아직은 웃을 때가 아니다

개울 물길

강추위 끝에 눈이 내린 날
새벽엔 개울을 흐르는 물소리가 더 차갑다

군데군데 섬을 만들며 흐르는 물길
용하게 얼음을 녹이며 길을 내고 흐른다
물이 흘러서 길이 된 것인가
길이 되어서 물이 흐르는가

길은 구불거리며 뱀처럼 흐르고
흐르는 물은 멈출 줄을 모른다

아, 물처럼 흘러온 세월
물처럼 흘러가는 인생
물은 흘러서 길을 내고
인생은 흘러가며 역사를 만드는가

차가운 길을 걸어온 굴곡진 역사
얼음을 녹이며 걸어온 사랑의 역사
뒤돌아보면 유정有情하고
앞을 보면 유장悠長하다

인격자로 가는 길

남의 허물은 훤히 드러나 보이고
내 허물은 관대함이란 보자기에 싸여 있다
그래도 내 보자기부터 푸는 사람

앞서 가는 사람 부러워하다가
행여 시기심이 생길까
자신을 돌아보는 사람

뒤따르는 사람 멸시치 않고
손잡아 이끌어
같이 걸어가는 사람

발자국

눈이 내린다
눈길 걸어간 내 발자국 드러내려고
눈이 내린다

눈이 쌓인다
눈길 걸어간 내 발자국 지워버리려고
눈이 쌓인다

눈이 녹는다
새싹 돋으라고
새 역사 써내려가라고

날자

날자
날개가 없다고 낙심하지 말자
꿈과 상상으로
새보다 높게
바람보다 멀리

날자
새가 날 수 없는 공간까지
바람이 갈 수 없는 시간까지
거기에 또 하나의 꿈
거기에 아름다운 마을
거기에 행복의 나라가 있으리니

고뇌의 지역을 가볍게 떠나
높이 그리고 멀리
날자

아내가 이뻐요

내 아내가 이뻐요
나를 사랑하는 마음은 더 이뻐요
그렇게 아기자기할 수가 없어요

잠든 모습은 아기처럼 귀엽고요
같이 걸으면 다정한 누이 같고
종알종알 할 때는 영락없는 친구지요
자상할 때는 어머니 같고
사랑을 주고받을 때는 천생연분 아내지요

그냥 두고 볼 수만은 없어서
만지고 싶어요
섬섬옥수.고운 손도
머릿결도, 귓바퀴도, 하얀 목덜미도

눈동자를 그윽히 바라보노라면
꼬옥 끌어안고 입술을 포개고 싶지요
그 백합 같은 얼굴에 내 거친 얼굴 부비면
아, 기대고 싶기도 해요

하늘에서 보내준 천사
이런 아내를 어떻게 만날 수 있었겠어요
이런 사람을 사랑하지 않는다면
내가 바보 멍텅구리지요

나는 외칩니다
사랑해요
황홀해요
행복해요

새가 부럽다

네가 부럽다
허허로운 마음 어디 둘 데가 없다고 느껴질 때
땅바닥을 팔짝 뛰어올라
광활한 하늘을 거침없이 나는
날개 가진 네가 부럽다

네가 갈 수 없는 곳이 어디냐
망망대해를 넘어 해가 지는 데까지
허접한 욕망과
거룩을 떠난 하찮은 지식이 난무하는 곳을 떠나
무한히 날 수 있는 기개가 부럽다

높이 또는 멀리 나는 것도 부럽지만
수풀에 엉키어 있는 빼꼭한 나뭇가지
그 가지들에 부딪혀 상처 입지 않고
바른 길을 찾아가는 네 감각이 부럽다

밤새 풀잎마다 맺힌 차디찬 흔적
그 서러운 이슬방울들을 말리며

태양이 떠오르는 아침부터
언제 어디서든지
청아한 노래를 부를 수 있는 네 목청이 부럽다

그리고 날이 저물어가면
사람이나 무뢰한 것들의 손이 타지 않는
아기자기하게 꾸며놓은 둥지에 들어와
가시버시가 서로 몸을 의지하고
그날의 고단함과 아픔을 달래는 안식이 부럽다

파도

파도는 목마르다
칼바람만 불어제치는 날엔
사무치게 목마르다

그리움의 속살을 드러내며
밀려와 땅에 오르려는 집념
그것은 지난날 자신이 거쳐왔던
어머니를 그리워하는 목마름

역류할 수 없어 흘러, 흘러들어온 바다
다시 돌아갈 수 없는 대지를 향하여
그는 포효한다
울음을 운다

세월이 흐를수록 더욱 간절해지는 향수
다시 돌아갈 수 없는 땅
다시 돌아갈 수 없는 세월